- On Buyruk -

Tanrı'nın Yasası

Dr. Jaerock Lee

*"Beni seviyorsanız,
buyruklarımı yerine getirirsiniz."*

(Yuhanna 14:15)

Tanrı'nın Yasası, Yazar: Dr. Jaerock Lee
Urim Kitapları tarafından yayınlanmıştır (Temsilci: Sungnam Vin)
73, Yeouidaebang-ro 22-gil, Dongjak-gu, Seoul, Korea
www.urimbooks.com

Yayınevinin yazılı izni olmadan bu yayının herhangi bir biçimde çoğaltılması, bilgisayar ortamında kullanılması, fotokopi yoluyla dağıtılması veya herhangi bir şekilde (elektronik, mekanik, kayıt) yayınlanması yasaktır.

Aksi belirtilmedikçe, tüm alıntılar Türkçe Kutsal Kitap'tan alınmıştır. Eski Antlaşma © The Bible Society in Turkey, 2001 Yeni Antlaşma © Thre Translation Trust, 1987, 1994, 2001.

Telif Hakkı © 2020 Dr. Jaerock Lee
ISBN: 979-11-263-0565-0 03230
Çeviri Hakkı © 2014 Dr. Esther K. Chung. İzin alınmıştır.

Daha önce Kore dilinde Urim Kitapları tarafından 2007 yılında yayınlanmıştır.

İlk Baskı Şubat 2020

Editör: Dr. Geumsun Vin
Urim Kitapları Yazı İşleri Ofisi tarafından tasarlanmıştır.
Prione Matbaacılık tarafından basılmıştır
Daha fazla bilgi için: urimbook@hotmail.com

Önsöz

Görevim esnasında "Tanrı nerededir?" veya "Bana Tanrı'yı göster!" ya da "Tanrı'yı nasıl bulabilirim?" gibi sayısız soru ve istekle karşılaştım. İnsanlar bana bu gibi soruları yönelttiler çünkü hiç biri Tanrı'yı nasıl bulacağını bilmiyorlardı. Oysa Tanrı'yı bulabilmenin yolu, onların düşündüklerinden çok daha kolaydır. Tanrı'nın buyruklarını öğrenerek ve o buyruklara itaat ederek çok basit bir şekilde Tanrı'yı bulabiliriz. Her ne kadar pek çok insan bu gerçeği yüreklerinde biliyor olsa da, buyruklara itaat etmekte başarısız olurlar çünkü Baba'nın bizlere olan derin sevgisinden çıkıp gelen her bir buyruğun içinde mevcut gerçek ruhani önemi anlamazlar.

Nasıl bireylerin toplumla yüzleşmeye hazır olmak için uygun eğitimlerden geçmeye gereksinimleri var ise, bir Tanrı çocuğunun da göksel egemenlikle yüzleşmeye hazır olması için uygun bir eğitimden geçmesi gerekir. İşte Tanrı'nın yasaları burada ortaya çıkar. Tanrı'nın Yasaları ya da On Buyruk, Tanrı'nın her yeni çocuğuna öğretilmeli ve her Hrıstiyan'ın yaşamına uygulanmalıdır. Tanrı'nın Yasası, kendisine yakınlaşılması, Kendisinden yanıtların alınması ve Kendisiyle bir olunması için yaratılmış buyruklarıdır. Diğer bir deyişle *Tanrı'nın Yasa'sını* öğrenmek Tanrı'yı bulmak için bir bilettir.

Takribi M.Ö. 1446'da, Mısır'dan çıkışın hemen sonra ki yıllarında, Tanrı, İsraillileri Kenan Ülkesi olarak bilinen süt ve balın aktığı topraklara yöneltmeyi istedi. Bunun olabilmesi için İsraillilerin Tanrı'nın isteğini ve Tanrı'nın bir çocuğu olmanın gerçek anlamını kavramaya gereksinimleri vardı. Bu yüzden Tanrı, sevgiyle iki adet taş levha üzerine tüm yasalarını kısaca özetleyen On Buyruk'u yazdı (Mısır'dan Çıkış 24:12). Sonra bu levhaları Musa'ya verdi ki, Tanrı'nın onlardan ulaşmayı istediği yere, yani net olarak Tanrı'nın huzuruna ulaşabilmeleri için, İsraillilere Tanrı'nın çocukları olarak görevlerini öğretsin ve eğitsin.

Takribi otuz yıl önce, yaşayan Tanrı'yı bulduktan sonra kiliseye giderek ve her diriliş toplantısına arayıp bularak Tanrı'nın yasalarını öğrendim ve itaat ettim. Sigarayı ve içkiyi bırakmakla başlayarak Şabat gününü kutsal saymayı, sadakatle ondalıklarımı vermeyi, dua etmeyi öğrendim. Küçük bir not defterine hemen söküp atamadığım günahları yazmaya başladım. Sonra, buyruklarına itaat etmeme yardım etmesini dileyerek Tanrı'ya dua ettim ve oruç tuttum. Bunun sonucunda sahip olduğum kutsamalar hayret vericiydi.

İlk olarak, Tanrı, ailemizi fiziki anlamda kutsadı ve böylece hiç birimiz hastalanmadık. Sonra bizleri mali açıdan kutsadı ve böylece ihtiyacı olanlara yardım elini uzatmaya odaklanabildik. Son olarak üzerime öylesine ruhani kutsamalar yağdırdı ki, şimdi dünya evangelizm ve misyonunu amaçlayan küresel bir göreve önderlik edebilmekteyim.

Eğer Tanrı'nın buyruklarını öğrenir ve onlara itaat ederseniz, yaşamınızın her alanında gönenç içinde olmakla kalmaz, ama ayrıca Tanrı'nın ebedi egemenliğine girdiğinizde güneş kadar parlak bir görkemi yaşayabilirsiniz.

Tanrı'nın Yasası adlı bu kitap, Tanrı'nın sözüne dayalı vaazlar serisinin bir derlemesi ve görevime başladıktan hemen sonra oruç tutarak ve dua ederek özümsediğim "On Buyruk" ile ilgili bir esinlemedir. Bu mesajların vesilesiyle pek çok inanlı Tanrı'nın sevgisini anladı, O'nun buyruklarına itaat eden yaşmalar sürmeye başladı ve gerek ruhsal anlamda gerekse yaşamlarının diğer alanlarında zenginleştiler. Dahası, pek çok inanlı, ettikleri her duaya yanıt alabildiler. En önemlisi ise, göksel egemenlik için büyük bir umut beslemeye başladılar.

Dolayısıyla, On Buyruk'un bu kitapta incelenen ruhani önemini kavrar, bizlere On Buyruk'u veren Tanrı'nın derin sevgisini anlar ve O'nun buyruklarına itaat içinde yaşamaya karar verirseniz, sizlere Rab tarafından her daim kutsanacağınızın garantisini verebilirim. Yasa'nın Tekrarı 28:1-2 ayetleri, her daim kutsanacağınızı yazar: *"Eğer Tanrınız RAB'bin sözünü iyice dinler ve bugün size ilettiğim bütün buyruklarına uyarsanız, Tanrınız RAB sizi yeryüzündeki bütün uluslardan üstün kılacaktır. Tanrınız RAB'bin sözünü dinlerseniz, şu bereketler üzerinize gelecek ve sizinle olacak:"*

Bu kitabın oluşumunda gösterdikleri eşsiz özveri ve paha biçilmez katkılarından dolayı Editorel Büronun Genel Müdürü Dr. Geumsun Vin'e, Urim Kitapları ve personeline teşekkür etmek istiyorum. Bu kitabı okuyan herkesin kolayca Tanrı'nın Yasalarını anlaması ve buyruklarına itaat ederek Tanrı'nın daha çok sevilen ve kutsanmış bir çocuğu olması için Rab'bimizin adıyla dua ediyorum.

Jaerock Lee

Giriş

Tanrı'nın yüreğini ve isteğini içeren On Buyruk üzerine çalışmaları, *Tanrı'nın Yasası* adlı bu kitapta toplamamıza izin veren Baba Tanrı'yı yüceltiyoruz.

İlk olarak, "On Buyruğun İçerdiği Tanrı Sevgisi", okuyucuyu On Buyruk ile ilgili gerekli ön bilgiyle kuşatır. "On Buyruk tam anlamıyla nedir?" sorusunun yanıtını içerir. Bu bölüm ayrıca Tanrı'nın bizi sevdiği ve sonunda kutsamak istediği için On Buyruk'u verdiğini açıklar. Dolayısıyla Tanrı'nın sevgisinin gücüyle her buyruğa itaat ettiğimizde, bizim için sakladığı tüm kutsamaları alabiliriz.

İlk Buyruk şunu öğreniriz: Tanrı'yı seven biri kolayca O'nun buyruklarına itaat edebilir. Bu bölümde ayrıca Tanrı'nın kendisinden başka tanrılara tapmamamızı neden buyurduğu sorusu üzerinde durulur.

İkinci Buyruk, asla putlara tapmamanın–veya ruhani açıdan-Tanrı'dan daha fazla hiç bir şeyi sevmemenin önemini kapsar. Bu bölümde sahte ilahlara tapınmanın ve tapınmamanın getirdiği ruhani sonuçları ve bu sonuçlarla yaşamlarımıza giren belli kutsama ve lanetleri öğreniriz.

Üçüncü Buyruk ile ilgili bölüm, Tanrı'nın adını boş yere ağza almanın ne anlama geldiğini ve bu günahtan kaçınmak için bir kişinin ne yapması gerektiğini anlatır.

Dördüncü Buyruk ile "Şabat"ın gerçek anlamını öğreniriz ve Eski Ahit'ten Yeni Ahit'e hareketle neden Cumartesi'den Pazar'a değiştiğini anlarız. Bu bölüm ayrıca üç farklı yolla bir kişinin Şabat gününü nasıl tam anlamıyla kutsal sayacağını açıklar. Bu bölümde anlatılan bir diğer konu ise, bu buyruğa uygulanan istisnaların – Şabat gününde izin verilen işlerle ilgili işlemlerin – koşullarını ortaya koyar.

Beşinci Buyruk, kişilerin ebeveynlerini nasıl detaylı bir şekilde onurlandıracağını anlatır. Ayrıca ruhlarımızın Babası olan Tanrı'yı ve biyolojik ebeveynlerimizi gerçekte onurlandırmamızın ne anlama geldiğini öğreniriz.

Altıncı Buyruk ile ilgili olan bölüm iki kısımdan oluşur: İlk bölüm, cinayet işleme günahı üzerinde odaklanırken, ikinci bölüm, bir kişinin nadiren farkına vardığı yürekte işlenen günahların ruhani açıklamalarını içerir.

Yedinci Buyruk, zina işlemenin bedensel günahı yanı sıra, yürek ve zihinde işlenen zina üzerinde de durur; iki günah arasında en korkutucu olanı bu ikincisidir. Bu bölüm ayrıca böylesi bir günahı işlemenin ruhani önemi üzerinde durur ve gerek Kutsal Ruh'un yardımı gerekse Tanrı'nın lütuf ve gücüyle bu günahı söküp atabileceğimiz dua ve oruç süreçlerini anlatır.

Sekizinci Buyruk, hırsızlığın fiziki tanımıyla ruhani tanımını yapar. Bu bölüm özellikle bir kişinin ondalıklarını ve sunularını vermeyerek ve hatta Tanrı'nın sözünü kötüye kullanarak nasıl Tanrı'dan çalma günahını işlediklerini anlatır.

Dokuzuncu Buyruk, üç çeşit farklı yalan tanıklık ve

yalancılık üzerinde durur. Ayrıca bir kişinin yüreği gerçekle doldurularak yalanın kökünün nasıl sökülüp atılacağı üzerinde yine bu bölümde durulur.

Onuncu Buyruk, komşularımıza imrenmemiz sonucunda su yüzüne çıkan günahlarımız hakkında bilgi verir. Ayrıca gerçek kutsamanın, canlarımızın gönenç içinde olması olduğunu bu bölümde öğreniriz; çünkü canlarımız gönenç içinde olursa, yaşamlarımızın her alanında gönenç olmakla kutsanırız.

Ve son olarak "Tanrı'ya Uymanın Yasası" bölümünde Yasa'yı sevgiyle tamamlayan İsa Mesih'in vaizliğini öğrendikçe, Tanrı'nın sözünü yerine getirmek için sevmek zorunda olduğumuzu öğreniriz. Bunun yanı sıra adaletin ötesine uzanan sevgi hakkında da öğreniriz.

Umut ediyorum ki, bu sayfalar siz okuyucuların On Buyruk'un ruhani önemini kavramasına yardımcı olur. Ve RAB'bin buyruklarına itaat ettikçe, her zaman Tanrı'nın parlak mevcudiyetinde olasınız. Tanrı'nın Yasalarını yerine getirdikçe, tüm dualarınızın yanıt bulduğu ruhani bir yaşamın içinde kendinizi bulmanız ve yaşamınızın her alanında O'nun kutsamalarını almanız için Rab'bimizin adıyla dua ediyorum.

Geumsun Vin
Editörel Büro, Genel Müdürü

İçindekiler

Önsöz
Giriş

1. Bölüm
On Buyruğun İçerdiği Tanrı Sevgisi   1

2. Bölüm İlk Buyruk
"Benden başka tanrın olmayacak"   11

3. Bölüm İkinci Buyruk
"Put Yapmayacak, Onlara Tapınmayacaksın"   27

4. Bölüm Üçüncü Buyruk
"Tanrın RAB'bin adını boş yere ağzına almayacaksın"   47

5. Bölüm Dördüncü Buyruk
"Şabat Günü'nü kutsal sayarak anımsa"   63

6. Bölüm Beşinci Buyruk
"Annene babana saygı göster"   81

7. Bölüm Altıncı Buyruk
"Adam öldürmeyeceksin" 95

8. Bölüm Yedinci Buyruk
"Zina etmeyeceksin" 109

9. Bölüm Sekizinci Buyruk
"Çalmayacaksın" 125

10. Bölüm Dokuzuncu Buyruk
"Komşuna karşı yalan yere tanıklık etmeyeceksin" 139

11. Bölüm Onuncu Buyruk
"Komşunun evine göz dikmeyeceksin" 151

12. Bölüm
Tanrı'ya Uymanın Yasası 165

1. Bölüm

On Buyruğun İçerdiği Tanrı Sevgisi

Mısır'dan Çıkış 20:5-6

"Putların önünde eğilmeyecek, onlara tapmayacaksın. Çünkü ben, Tanrın RAB, kıskanç bir Tanrı'yım. Benden nefret edenin babasının işlediği suçun hesabını çocuklarından, üçüncü, dördüncü kuşaklardan sorarım. Ama beni seven, buyruklarıma uyan binlerce kuşağa sevgi gösteririm."

Dört bin yıl önce, Tanrı, İbrahim'i imanın atası olarak seçti. Tanrı, İbrahim'i kutsadı ve "soyunu göklerin yıldızları, kıyıların kumu kadar çoğaltacağım" vaadinde bulunarak onunla bir anlaşma yaptı. Ve İbrahim'in zamanında Tanrı, İbrahim'in torunu Yakup'un on iki oğlundan İsrail ulusunu sadakatle oluşturdu. Tanrı'nın planı altında Yakup ve oğulları kıtlıktan kaçmak için Mısır'a yerleşti ve orada 400 sene yaşadılar. Bu, daha büyük ve daha güçlü bir ulus olana dek onları diğer ulusların istilasından korumak için Tanrı'nın sevgi dolu planının bir parçasıydı.

Yakup'un ailesi, yetmiş kişiden—Mısır'a ilk yerleştiklerinde—çoğalarak bir ulus meydana getirecek kadar büyük bir sayıya ulaştı. Ve bu ulus güçlendikçe, Tanrı, Musa adında ki bir kişiyi İsraillilerin önderi olarak atadı. Bundan sonra ise, Tanrı, bu insanların süt ve bal akan vaat edilmiş Kenan Ülkesi'ne yönelmelerini sağladı.

On Buyruk, Tanrı'nın vaat edilmiş topraklara İsraillileri yönlendirirken onlara verdiği sevgi dolu sözleridir.

Kutsanmış Kenan topraklarına girebilmeleri için, İsraillilerin iki koşulu yerine getirmesi gerekiyordu; Tanrı'ya iman etmeli ve O'na itaat etmeliydiler. Ancak imanları ve itaatleri için belirlenmiş bir kaide olmadığından, iman sahibi olmanın ve itaat etmenin gerçekten ne anlama geldiğini anlayamıyorlardı. İşte bu yüzden, Tanrı, önderleri Musa vesilesiyle onlara On Buyruk'u verdi.

On Buyruk, insanların izleyeceği kaideleri belirleyen bir dizi hükümlerden meydana gelir ama Tanrı bu buyruklara itaat etmeye otokratik olarak zorlamamıştır. Ancak onlara mucizevi gücünü gösterdikten ve deneyim etmelerini—Mısır'ın üzerine On Bela göndererek, Kızıldeniz'i ikiye ayırarak, Mara'da acı suyu tatlı suya dönüştürerek ve İsraillileri man ve bıldırcınla besleyerek— sağladıktan sonra On Buyruk'u vermiştir.

Burada ki en önemli bilgi, On Buyruğunda içinde yer aldığı tüm Tanrı sözlerinin sadece İsraillilere değil, ama O'nun sevgi ve kutsamalarını alabilmenin kestirme yolu olarak kendisine inanan günümüz insanlarının hepsine verilmiş olmasıdır.

On Buyruk'u Veren Tanrı'nın Yüreği

Ebeveynler, çocuklarını yetiştirirken onlara sayısız kural öğretirler. Bunlar, "Dışarıda oynadıktan sonra ellerini yıkamalısın", "Uyurken üzerine her zaman battaniyeni ört!" veya "yayalara kırmızı yandığında asla karşıdan karşıya geçme!" gibi kurallardır.

Ebeveynler, çocuklarına zorluk çıkarmak için onları bu kurallar yağmuruna tutmazlar. Onlara tüm bu kuralları onları sevdikleri için öğretirler. Çocuklarını hastalık ve tehlikelerden korumak, güvenliklerini sağlamak ve tüm hayatları boyunca huzur içinde yaşamalarına yardımcı olmak ebeveynlerin doğal bir arzusudur. Tanrı aynı sebeple biz çocuklarına On Buyruk'u vermiştir çünkü bizleri sever.

Mısır'dan Çıkış 15:26 ayetinde Tanrı şöyle der: *"Ben, Tanrınız RAB'bin sözünü dikkatle dinler, gözümde doğru olanı yapar, buyruklarıma kulak verir, bütün kurallarıma uyarsanız, Mısırlılar'a verdiğim hastalıkların hiçbirini size vermeyeceğim dedi, Çünkü size şifa veren RAB benim."*
Levililer 26:3-5 ayetlerinde Tanrı şöyle der: *"Kurallarıma göre yaşar, buyruklarımı dikkatle yerine getirirseniz, yağmurları zamanında yağdıracağım. Toprak ürün, ağaçlar meyve verecek. Bağbozumuna kadar harman dövecek, ekim zamanına kadar bağlarınızdan üzüm toplayacaksınız. Bol bol yiyecek, ülkenizde güvenlik içinde yaşayacaksınız."*

Tanrı, On Buyruk'u bizlere vermiştir ki, bizler O'nu nasıl bulacağımızı bilelim; O'nun kutsamalarını ve dualarımızın yanıtlarını alalım ve nihai olarak huzur ve sevinç içinde yaşamlar sürdürebilelim.

On Buyruk'ta dâhil olmak üzere Tanrı'nın yasalarına itaat etmek zorunda olmamızın bir diğer nedeni ise, onların ruhani dünyanın adil yasaları olmalarıdır. Nasıl her ulusun kendine has kanunları var ise, Tanrı'nın egemenliği de Tanrı tarafından belirlenmiş ruhani yasalara tabidir. Her ne kadar Tanrı, evreni yaratan ve Yaratıcı olarak yaşam, ölüm, lanet ve kutsamaların üzerinde mutlak kontrol sahibi olan olsa da, bir totaliter değildir. Bu sebeple Kendisi yasaların Yaratıcısı olsa da, bu yasalara

Kendisi de uyar.

İsa Mesih'e Kurtarıcımız olarak iman eder ve Tanrı'nın çocukları olarak O'nun egemenliğinin vatandaşları sayılırsak, tıpkı vatandaşı olduğumuz ülkelerin yasalarına uyduğumuz gibi, adaletle Tanrı'nın ve O'nun egemenliğinin yasalarına da uymalıyız.

1. Krallar 2:3 ayetinde şöyle yazılmıştır: *"Tanrın RAB'bin verdiği görevleri yerine getir. Onun yollarında yürü ve Musa'nın yasasında yazıldığı gibi Tanrı'nın kurallarına, buyruklarına, ilkelerine ve öğütlerine uy ki, yaptığın her şeyde ve gittiğin her yerde başarılı olasın."*

Tanrı'nın yasalarına uymak demek, On Buyruk'ta dâhil olmak üzere O'nun Kutsal Kitap'ta mevcut sözlerine itaat etmek demektir. Bu yasalara uyduğunuz takdirde, Tanrı'nın koruyuculuğunu ve kutsamalarını alır ve her nereye giderseniz gönenç içinde olursunuz.

Ama aksi olur ve Tanrı'nın yasalarını çiğnerseniz, düşman Şeytan'ın aklınızı çelmeye ve sizlere zorluk çıkarmaya hakkı olur; o zaman ise Tanrı sizi koruyamaz. Tanrı'nın buyruklarını çiğnemek, günah işlemektir; dolayısıyla sizleri nihai olarak cehenneme taşıyacak olan günah ve Şeytan'a esarettir.

Tanrı Bizleri Kutsamayı Arzular

Tanrı'nın bizlere On Buyruk'u vermesinin asıl nedeni, bizleri sevmesi ve bizleri kutsamak istemesidir. Bizlerin sadece göksel egemenlikte ebedi kutsamalara sahip olmamızı değil ama ayrıca bu dünyada da O'nun kutsamalarını almamızı ve bu dünyada her ne yapıyorsak gönenç içinde olmamızı ister. Tanrı'nın bu sevgisini kavradığımızda, bizlere buyrukları verdiği için ancak şükran duyabilir ve O'nun buyruklarına mutlulukla itaat ederiz.

Ebeveynlerinin kendilerini ne kadar çok sevdiğini kavrayan çocukların, anne-babalarına itaat etmek için ne kadar çabaladıklarını görebiliriz. Hatta itaatte başarısız olduklarında disipline alınırlarsa, bunun nedeninin anne-babalarının kendilerine olan sevgisi olduğunu anlar, "Anne/Baba, bir daha ki sefere daha iyi olmaya çalışacağım" der ve sevgiyle onların kollarına koşarlar. Ve olgunlaşıp ebeveynlerinin kendilerine olan sevgi ve ilgilerini daha derinden anladıklarında çocuklar, onları sevindirmek için öğretilerine uyacaklardır.

Anne-babalarının gerçek sevgisi bu çocuklara itaat etme gücünü veren şeydir. Ve bu, Kutsal Kitap'ta yazılan tüm Tanrı sözlerine uymamızla aynıdır. İnsanlar, tek ve yegâne oğlu İsa Mesih'i çarmıhta ölmesi için bu dünyaya gönderen Tanrı'nın bizleri ne kadar sevdiğini kavradıklarında O'nun buyruklarına uymak için ellerinden gelenin en iyisini yapmak için çabalarlar.

Aslında hiçbir günahı olmayan İsa Mesih'in tüm suçlamaları üstlenerek bizim günahlarımız için çarmıhta öldüğü gerçeğine imanımız ne kadar büyük ise, bu buyruklara itaat ederken aldığımız sevinçte o kadar büyüktür.

Tanrı'nın Buyruklarına Uyduğumuz Takdirde Aldığımız Kutsamalar

Tanrı'nın her bir sözüne itaat eden ve sıkı bir şekilde O'nun buyruklarına göre yaşayan imanda ki atalarımız büyük kutsamalar aldılar ve tüm yürekleriyle Baba Tanrı'yı yücelttiler. Ve günümüzde de asla sönmeyen gerçeğin ebedi ışığıyla üzerlerimizde parlarlar.

İbrahim, Daniel ve elçi Pavlus, imanda ki atalarımızdan bazılarıdır. Ve hatta günümüzde bile bu insanların yaptıklarını yapmaya devam eden imanlı insanlar vardır.

Örneğin, Amerika Birleşik Devletleri'nin on altıncı başkanı Abraham Lincoln sadece dokuz aylık bir okul eğitiminden geçmişti; ama övgüye değer karakteri ve erdemleriyle günümüzde pek çok insan tarafından sevilmekte ve saygı duyulmaktadır. Abraham Lincoln'un annesi Nancy Hanks Lincoln, Abraham henüz dokuz yaşındayken vefat etmiş ama hala hayattayken oğluna Kutsal Kitap'tan kısa ayetleri ezberlemeyi ve Tanrı'nın buyruklarına itaat etmeyi öğretmişti.

Ve annesi ölürken oğlunu yanına çağırtmış; ona şu son sözleri miras bırakmıştı: "Tanrı'yı sevmeni ve O'nun buyruklarına itaat etmeni istiyorum." Abraham Lincoln büyüdüğünde ünlü bir siyasetçi oldu ve köleliği kaldırarak tarihe geçtiğinde altmış altı bölümden oluşan Kutsal Kitap her zaman yanı başındaydı. Lincoln gibi Tanrı'ya yakın olan ve O'nun sözlerine uyan insanlara Tanrı her zaman sevgisinin kanıtını gösterir.

Kilisemi açtıktan az bir süre sonra uzun zamandır evli olup çocuk sahibi olmayan bir çifte ziyaretim olmuştu. Kutsal Ruh'un rehberliğiyle onları ibadete yönelttim ve çifti kutsadım. Sonra onlardan bir ricam oldu. Her Pazar günü ayine katılarak Şabat gününü kutsal saymalarını, ondalıklarını vermelerini ve On Buyruk'a itaat etmelerini istedim.

Bu yeni inanlı çift, Tanrı'nın buyruklarına uyarak her Pazar kiliseye gelmeye ve ondalıklarını vermeye başladı. Bunun sonucunda çocuk sahibi olmakla kutsandılar ve sağlıklı çocuklara sahip oldular. Sadece bunu değil, ama büyük mali kutsamalara da sahip oldular. Bu gün ise koca kiliseye bir ihtiyar olarak hizmet vermekte ve tüm ailesi yardım ve evangelizm işlerinin büyük destekçileridir.

Tanrı'nın buyruklarına uymak, zifiri karanlıkta fener taşımaya benzer. Parlak bir fenere sahip olduğumuzda, karanlıkta yol almaktan endişe duymayız. Aynı şekilde, ışık olan Tanrı bizlerle olduğunda, bizi her koşulda korur ve bizlerde Tanrı'nın tüm çocukları için ayrılmış kutsama ve yetkinliklerin tadına varırız.

Dilediğiniz Her Şeyin Yanıtını Almanın Anahtarı

1. Yuhanna 3:21-22 ayetinde şöyle denir: *"Sevgili kardeşlerim, yüreğimiz bizi suçlamazsa, Tanrı'nın önünde*

cesaretimiz olur, O'ndan ne dilersek alırız. Çünkü O'nun buyruklarını yerine getiriyor, O'nu hoşnut eden şeyleri yapıyoruz.''

Kutsal Kitap'ta yazılan tüm buyruklara itaat ettiğimiz ve Tanrı'nın hoşnut olduğu şeyleri yaptığımızda cesurca Tanrı'dan istediklerimizin yanıtı alacağımızı bilmek hoş değil mi? İtaatkar çocuklarını ateşten gözleriyle seyreden ve onların her bir dileğini ruhani dünyanın yasalarına göre yanıtlayan Tanrı ne kadar da mutlu olmalı!

Bu sebeple, yeryüzünde ki yetiştirilme sürecinden geçerken Tanrı'nın kutsamalarını alacağımız en iyi yolları bizlere öğreten On Buyruk, sevginin ders kitabına benzer. Buyruklar bizlere felaket veya hastalıklardan nasıl kaçınacağımızı ve kutsamaları nasıl alacağımızı öğretir.

Tanrı, itaat etmeyenleri cezalandırmak için buyruklarını bizlere göndermemiştir. O'nun buyruklarına itaat ederek Tanrı'nın güzelim göksel egemenliğinde ebedi kutsamaların tadına varmamız için göndermiştir (1 Timoteos 2:4). Tanrı'nın yüreğini hissetmeye ve anlamaya başladığınızda, O'nun sevgisini ziyadesiyle alırsınız.

Ve her bir buyruğu daha yakinen incelediğinizde ve Tanrı'nın sevgisiyle size sağladığı güçle tam anlamıyla onlara itaat ettiğinizde, O'ndan istediğiniz her kutsamayı alabilirsiniz.

2. Bölüm
İlk Buyruk

—⁓✦⁓—

"Benden başka tanrın olmayacak"

Mısır'dan Çıkış 20:1-3

Tanrı şöyle konuştu:

"Seni Mısır'dan, köle olduğun ülkeden çıkaran Tanrın RAB benim. Benden başka tanrın olmayacak."

Birbirlerini seven iki insan bir arada olmaktan sadece sevinç duyarlar. Bu yüzden sevgililer, kışın ortasında dahi birlikte oldukları zaman soğuğu hissetmez ve yine bu yüzden birbirlerinin isteklerini bir diğeri mutlu olsun diye o istek ne denli zor bir görev olursa olsun yaparlar. Ve hatta kendilerini sevgilileri için feda ederken dahi bir diğeri için bir şey yapmaktan haz duyar ve onun yüzünde ki sevinci görmekten mutlu olurlar.

Bu, Tanrı'ya olan sevgimize benzer. Eğer gerçekten Tanrı'yı seversek, O'nun buyruklarına itaat etmemiz ağır gelmez ama aksine bizlere mutluluk verir.

Tanrı'nın Çocuklarının İtaat Etmesi Gereken On Buyruk

Günümüzde kendilerini inanlı olarak betimleyen bazı insanlar, "Tanrı'nın On Buyruğu'nun hepsine nasıl itaat edebiliriz?" derler. Böyle derler çünkü insanlar mükemmel değildir ve On Buyruğa tamamen itaat emek mümkün değildir. Buyrukların hepsine sadece itaat etmeyi deneyebiliriz.

Ancak 1. Yuhanna 5:3 ayetinde şöyle yazılmıştır: *"Tanrı'yı sevmek O'nun buyruklarını yerine getirmek demektir. O'nun buyrukları da ağır değildir."* Bu, şu anlama gelir; Tanrı'ya olan sevgimizin kanıtı, O'nun buyruklarına itaatimizdir ve O'nun buyrukları itaat edemeyeceğimiz kadar ağır değildir.

Eski Ahit zamanlarında insanlar, buyruklara kendi iradeleri ve güçleriyle itaat etmek zorundaydılar. Ancak şimdi içinde olduğumuz Yeni Ahit zamanında, İsa Mesih'i Kurtarıcısı olarak kabul eden herkes kendisine itaat etmekte yardımcı olan Kutsal Ruh'u alır.

Kutsal Ruh, Tanrı ile birdir ve Tanrı'nın bir yüreği olarak O'nun çocuklarına yardım etme rolünü üstlenir. Bu yüzden, Kutsal Ruh bizler için aracı olur, bizleri rahatlatır, eylemlerimize rehberlik eder ve Tanrı'nın sevgisini üzerimize yağdırır; böylece günaha karşı kanımızı dökme pahasına savaşabilir ve Tanrı'nın isteğine göre hareket edebiliriz (Elçilerin İşleri 9:31, 20:28; Romalılar 5:5, 8:26).

Kutsal Ruh'tan güç aldığımızda, bizlere tek ve yegâne Oğlu'nu veren Tanrı'nın sevgisini derinden anlayabilir ve sonra kendi irademiz ve gücümüzle itaat edemediğimiz buyruklara kolayca itaat edebiliriz. Tanrı'nın buyruklarına itaat etmenin hala zor olduğunu söyleyen ve onlara itaat etmeyi bile denemeyen insanlar vardır. Ve onlar günahın ortasında yaşamaya devam ederler. Bu insanlar gerçektende Tanrı'yı yürekten sevmezler.

1. Yuhanna 1:6 ayetinde şöyle denir: *"Onunla paydaşlığımız var deyip de karanlıkta yürürsek, yalan söylemiş, gerçeğe uymamış oluruz."* Ve 1. Yuhanna 2:4 ayetinde ise şöyle denir:

"O'nu tanıyorum deyip de buyruklarını yerine getirmeyen yalancıdır, kendisinde gerçek yoktur."

Gerçeğin ve yaşamın tohumu olan Tanrı sözü, bir insanın içinde olursa, o insan günah işlemez. O kişi gerçekte yaşamaya yönlendirilir. Dolayısıyla, eğer bir insan Tanrı'ya inandığını söylüyor ama O'nun buyruklarına itaat etmiyorsa, gerçeğin o kişi de olduğunu söyleyemeyiz ve o kişi Tanrı'nın huzurunda yalan söylüyordur.

Öyleyse Tanrı'ya olan sevgilerini kanıtlamak için Tanrı'nın çocuklarının itaat etmesi gereken ilk buyruk nedir?

"Benden başka tanrın olmayacak"

Bu ayette hitap edilen kişi, On Buyruğu doğrudan Tanrı'dan alan Musa; Musa'nın vesilesiyle On Buyruğu alan İsrailliler; ve günümüzde Rab'bin adıyla kulluk eden tüm Tanrı çocuklarıdır. Tanrı'nın neden ilk olarak Kendisinden başka bir tanrıları olmamasını insanlara buyurduğunu düşünüyorsunuz?

Çünkü Tanrı'nın kendisi gerçek, tek ve yegâna yaşayan Tanrı ve evrenin kadir-i mutlak yaratıcısıdır. Ayrıca sadece Tanrı'nın evren, tarih, insanlık, yaşam ve ölüm üzerinde mutlak kontrolü vardır ve insanlara gerçek yaşamı ve ebedi yaşamı verir.

Tanrı, bu dünyada günahın esaretinden bizleri kurtaran yegâne zattır. Bu sebeple, tek ve yegâne Tanrı'dan ziyade hiçbir tanrıyı yüreklerimize koymamalıyız.

Ama pek çok aptal insan kendilerini Tanrı'dan uzaklaştırır ve yaşamlarını sahte ilahlara tapınarak geçirirler. Gözünü bile kırpmaktan aciz Buda tasvirine, bazı taşlara ve kadim ağaçlara tapınır ve hatta bazıları yüzlerini kuzey kutbuna çevirerek ibadet ederler. Bazıları doğaya ibadet eder ve ölmüş insanları putlaştırarak pek çok sahte ilahın adlarıyla onları çağırırlar. Her ırk ve ulusun kendilerine has putları vardır. Sadece Japonya'da öylesine çok put vardır ki, onların sekiz milyon farklı tanrısı olduğu söylenir.

İnsanların neden bunca sahte putu yaratıp onlara tapındıklarını düşünüyorsunuz? Çünkü kendilerini avutacak bir yol arar ya da atalarının yanlış olan adetlerini devam ettirirler. Veyahut onca farklı tanrıya ibadet ederek daha çok kutsama ve çok daha iyi talihe sahip olmak için bencil bir arzu duyarlar.

Ancak net olmamız gereken konu şudur, Yaratıcı Tanrı dışında hiç bir tanrı ne bizleri kutsama ne de kurtarma gücüne sahiptir.

Yaratıcı Tanrı'nın Doğasıyla İlgili Kanıtlar

Romalılar 1:20 ayetinde şöyle yazılmıştır: *"Tanrı'nın görünmeyen nitelikleri -sonsuz gücü ve Tanrılığı- dünya yaratılalı beri O'nun yaptıklarıyla anlaşılmakta, açıkça görülmektedir. Bu nedenle özürleri yoktur."* Eğer evrenin niteliklerine bakarsak, mutlak bir Yaratıcı'nın var olduğunu ve sadece tek bir yaratıcı Tanrı'nın olduğunu görebiliriz.

Örneğin, yeryüzünde ki insan ırkını inceldiğimizde, tüm insanların vücutlarının aynı yapı ve fonksiyonlardan oluştuğu ortadadır. İster siyahî, isterse beyaz olsun, hangi ırktan veya ülkeden olurlarsa olsunlar, hepsinin bir çift gözü, bir çift kulağı, bir burnu ve ağzı yüzlerinin aynı noktasında bulunur. Hayvanlarda da durum aynıdır.

Fillerin uzun burunları vardır ama burunlarına ve burun deliklerine dikkat edin! Uzun kulaklı tavşanlar ve vahşi aslanların hepsinde aynı sayıda göz, ağız ve kulaklar vardır ve bu organların hepsi tıpkı insanlarda olduğu gibi yüzlerinin aynı noktasında bulunurlar. Hayvanlar, balıklar, kuşlar ve hatta böcekler—onları birbirlerinden farklı kılan belli özellikler dışında—gibi yaşayan sayısız organizmanın aynı tipte vücut yapısı ve fonksiyonları vardır. Bu da tek bir yaratıcı olduğunu kanıtlar.

Doğal fenomenlerde net bir şekilde Yaratıcı bir Tanrı'nın varlığını kanıtlar. Dünya, günde bir kez kendi ekseninde döner ve güneşin etrafında ki dönüşünü bir yılda tamamlar. Dünyanın uydusu ay, dünyanın çevresinde ki dönüşünü bir ayda tamamlar. Bu dönüşler ve devir süreleri sebebiyle pek çok doğal olayları düzenli bir şekilde yaşarız. Gece-gündüz, dört farklı mevsim, met cezirler ve ısı değişimine bağlı atmosferik deveranlar bunlara örneklerdir.

Dünyanın konumu ve hareketleri, bu gezegeni insanların ve diğer yaşayan canlıların hayatta kalabilmesi için mükemmel bir yer kılar. Güneşle dünya arasında ki uzaklık ne daha yakın ne de daha uzak olabilirdi. Güneşle dünya arasında ki uzaklık, zamanın başlangıcından beri her zaman en mükemmel uzaklıkta olmuştur ve dünyanın güneş etrafında ki dönüşü hiçbir hataya yer bırakmadan çok uzunca bir zamandır süregelmektedir.

Evren, Tanrı'nın hikmetiyle yaratıldığı ve idare edildiği için, insanların asla tam anlamıyla anlayamayacağı tasavvur dahi edilemez pek çok şey, her gün olmaktadır.

Tüm bu net kanıtlarla hiç kimse yargı günü gelip çattığında, "Tanrı'nın gerçekten var olup olmadığını bilmediğimden inançlı değildim" gibi bir bahane öne süremez.

Isaac Newton, deneyimli bir mekanikten güneş sisteminin gelişmiş bir örneğini kurmasını istemişti. Bir gün ateist bir arkadaşı onun ziyaretine geldi ve güneş sisteminin bu örneğini gördü. Hiç düşünmeden modelin kolunu çevirdi ve inanılmaz bir şey oldu. Her gezegen güneşin etrafında farklı hızlarda dönmeye başladı.

Isaac Newton'un arkadaşı şaşkınlığını gizleyemedi ve o şaşkınlıkla, "Bu kesinlikle mükemmel bir model! Kim yaptı?" diye sordu. Isaac Newton nasıl yanıtladı dersiniz? Bu soruya

Isaac Newton şöyle yanıt verdi: "Bunu kimse yapmadı. Sadece bir şans eseri bunlar bir araya geldi."

Arkadaşı, Newton'un kendisine şaka yaptığını düşünerek sitemle, "Ne sanıyorsun beni? Aptal mı? Nasıl olurda böyle karmaşık bir model kendi kendine bir araya gelir?" diye cevap verdi.

Bunun üzerine Newton şu yanıtı verdi: "Bu, güneş sisteminin sadece küçük bir örneğidir. Böylesine küçük bir örneğin bile tasarımcısı ve yaratıcısı olmadan tek başına bir araya gelemeyeceğinin tartışmasını yapıyorsun. Öyleyse çok daha karmaşık ve geniş olan gerçek güneş sisteminin bir yaratıcı olmadan bir araya geldiğine inanan bir kişiye nasıl bir açıklama yaparsın?"

Orijinal eserinin tam adının anlamı "Doğa felsefesinin matematik ilkeleri" olan Principia adlı eserinde Newton şunu yazmıştır: "Güneş'ten, gezegenlerden ve kuyruklu yıldızlardan oluşan bu çok hassas sistem, sadece akıl ve güç sahibi bir Varlık'ın amacından ve hâkimiyetinden kaynaklanabilir... O'na, Üstün Kuvvet Sahibi Rab denir."

Bu nedenle, doğa kanunları üzerinde çalışan doğa bilimcilerinin büyük bir çoğunluğu Hristiyandır. Doğa ve evreni ne kadar çok çalışırlarsa, her-şeye-gücü-yeten Tanrı'nın gücünü o kadar çok keşfederler.

Dahası, inanlılara görünen mucize ve belirtilerle, Tanrı tarafından sevilen ve tanınan kullarıyla ve Kutsal Kitap'ta yerine gelen insanlık tarihiyle Tanrı bizlere pek çok kanıt gösterir ki, yaşayan Tanrı'ya inanalım.

Müjdeyi Duymadan Yaratıcı Tanrı'ya İnanan İnsanlar

İnsanlık tarihine bakarsanız, müjdeyi hiç duymamış iyi yürekli insanların tek ve yegâne Yaratıcı Tanrı'yı tanıdıklarını ve yaşamlarını doğruluk üzerinde sürdürdüklerini görebilirsiniz.

Yürekleri kirli ve şaşırmış olan insanlar ise kendilerini avutmak için farklı tanrılara tapınmışlardır. Tanrı'yı hiç bilmiyor olsalar bile yürekleri doğru ve temiz olanlar, tek bir Tanrı'ya ibadet ve kulluk etmişlerdir.

Örneğin Amiral Soonshin Yi Kore'nin Çosun Hanedanlığı döneminde yaşamış ve tüm hayatı boyunca ülkesine, kralına ve halkına hizmet etmiştir. Anne-babasına hürmet etmiş ve tüm yaşamı boyunca asla kendi çıkarlarını gözetmemiş ama kendini başkaları için feda etmiştir. Her ne kadar Tanrı'yı ve Rab'bimiz İsa'yı tanımamış olsa da, şamanlara, cinlere ve kötü ruhlara tapınmamıştır. Aksine, iyi vicdanıyla gözünü sadece göklere çevirmiş ve tek bir yaratıcıya inanmıştır.

Bu iyi insanlar hiçbir zaman Tanrı'nın sözünü öğrenememiş

ama gördüğünüz gibi her zaman temiz ve gerçek yaşamlar sürdürmeye çabalamışlardır. Tanrı, "Vicdanların Yargısı" adı altında bu insanların da kurtulması için yolu açmıştır. Bu, Eski Ahit döneminden veya müjdeyi duyma fırsatını yakalamamış İsa Mesih döneminden sonra ki insanlara kurtuluşu ihsan ettiği yoldur.

Romalılar 2:14-15 ayetlerinde şöyle yazılır: *"Kutsal Yasa'dan yoksun uluslar Yasa'nın gereklerini kendiliklerinden yaptıkça, Yasa'dan habersiz olsalar bile kendi yasalarını koymuş olurlar. Böylelikle Kutsal Yasa'nın gerektirdiklerinin yüreklerinde yazılı olduğunu gösterirler. Vicdanları buna tanıklık eder. Düşünceleriyse onları ya suçlar ya da savunur."*

İyi vicdanlı kimseler, müjdeyi duyduklarında, yüreklerinde Rab'be çok kolayca iman ederler. Tanrı, bu ruhların kısa bir süre için "yukarı ölüler diyar" ında kalmasına izin verir ki, göksel egemenliğe girebilsinler.

Bir insanın yaşamı sonlandığında, ruhu fiziki bedeninden ayrılır. Ruhu, geçici bir süre için "ölüler diyar" ında kalır. Ölüler diyarı, ebedi ikametine gitmeden önce ruhani dünyaya adapte olmayı öğrendiği geçici bir yerdir. Bu yer, "Yukarı Ölüler Diyarı" ve "Aşağı Ölüler Diyarı" diye ikiye ayrılır. "Aşağı Ölüler Diyarı", kurtulmamış ruhların azap içinde bekledikleri yerdir (Yaratılış 37:35; Eyüp 7:9; Çölde Sayım 16:33; Luka 16).

Ama Elçilerin İşleri 4:12 ayetinde şöyle demektedir: *"Başka* hiç kimsede kurtuluş yoktur. Bu göğün altında insanlara bağışlanmış, bizi kurtarabilecek başka hiçbir ad yoktur." Dolayısıyla, Yukarı Ölüler Diyarı'nda ki ruhlara müjdeyi duyma şansını tanımak adına, İsa, müjdeyi onlarla paylaşmak için Yukarı Ölüler Diyarı'na gitmiştir.

Yazıtlar bu gerçeği destekler. 1. Petrus 3:18-19 ayetlerinde şöyle denir: *"Nitekim Mesih de bizleri Tanrı'ya ulaştırmak amacıyla doğru kişi olarak doğru olmayanlar için günah sunusu olarak ilk ve son kez öldü. Bedence öldürüldü, ama ruhça diriltildi. Ruhta gidip bunları zindanda olan ruhlara da duyurdu."* Yukarı Ölüler Diyarı'nda ki bu "iyi" ruhlar, İsa'ya iman etti ve kurtuldular.

Adaletin Tanrı'sı ister Eski Ahit zamanından olsunlar, isterlerse ne müjdeyi ya da yasayı duymamış olsunlar iyi vicdanlarıyla yaşayan ve tek bir Yaratıcı'ya inanan insanların yüreklerinin derinliklerine bakmış ve onlar için kurtuluş yolunu açmıştır.

Tanrı Neden Asla Kendinden Başka Tanrıları Tanımamalarını Halkına Buyurmuştur?

Bazı zamanlar inanlı olmayanlar şöyle derler: "Hristiyanlık tek bir Tanrı'ya inanmayı gerektirir. Bu da dine esneksizlik verip herkese açık olmayan bir hale getirmez mi?"

Ayrıca inanlı olduklarını söyleyip el fallarına, büyücülüğe, muska ve tılsımlara bağımlı olan insanlar vardır.

Tanrı, özellikle bu alanda asla ödün vermememiz gerektiğini bizlere söylemiştir. "Benden başka tanrın olmayacak" demiştir. Bunun anlamı, Tanrı'nın yaratmış olduklarıyla ve sahte ilahlarla kendimizi ilişkilendirmememiz ve onları kutsal saymamamız ya da her hangi bir şekilde bunları Tanrı'ya eş koşmamamızdır.

Sadece tek bir Yaratıcı vardır ve bizleri O yaratmıştır ve ancak O, bizleri kutsayabilir veya bizlere yaşam verebilir. İnsanların tapındıkları sahte ilahlar ve putlar sonuç itibarıyla düşman iblisten gelir. Bunlar, Tanrı'nın karşısında düşmanca yer almaktadırlar.

Düşman iblis, Tanrı'nın yolundan sapmaları için insanları şaşırtmaya çabalar. Sahte şeylere ibadet ederek bu insanlar sonunda Şeytan'a tapar konuma düşer ve kendi mahvoluşlarının yolunda ilerlerler.

Bu yüzden, Tanrı'ya inandıklarını iddia edip yüreklerinde hala sahte ilahlara ibadet eden insanlar, düşman iblisin hükmü altındadırlar. Onlar işte bu yüzden acı ve keder, hastalık ve sıkıntı çekmeye devam ederler.

Tanrı sevgidir ve O, insanların sahte ilahlara tapınmasını ve ebedi ölüm yolunda ilerlemesini istemez. Bu sebeple Kendinden başka tanrımız olmamasını bizlere buyurmuştur. Sadece O'na ibadet ederek ebedi yaşama sahip olabilir ve hala yeryüzünde yaşarken O'nun bol kutsamalarıyla lütuflanabiliriz.

Salt Sadakatle Tanrı'ya Güvenerek Kutsamaları Alabiliriz

1. Tarihler 16:26 ayetinde şöyle yazılır: *"Halkların bütün ilahları bir hiçtir, Oysa gökleri yaratan RAB'dir."* Eğer Tanrı asla *"Benden başka tanrın olmayacak"* dememiş olsaydı, o zaman kararsız insanlar ve hatta bazı inanlılar bilmeden sahte ilahlara tapınabilir ve ebedi ölüm yolunda ilerleyebilirlerdi.

Bunu sadece İsraillilerin tarihine bakarak görebiliriz. Tüm halkların arasından İsrailliler, evrenin tek ve yegâne Yaratcısı'nı öğrenip O'nun gücünü sayısız kez tecrübe edindiler. Ama zamanla Tanrı'nın yolundan saptılar ve başka tanrılarla ilahlara tapınmaya başladılar.

Diğer ulusların putlarının iyi göründüğünü düşündüler ve Tanrı ile bir arada bu putlara tapınmaya başladılar. Bunun sonucunda düşman Şeytan ve iblisin onların üzerine getirdiği her türlü ayartılmayı, sıkıntıyı ve belaları tecrübe edindiler. Ancak bu zorluklara ve azaba daha fazla dayanamayacak oldukları zaman tövbe edip Tanrı'nın yoluna geri döndüler.

Sevgi olan Tanrı'nın onları tekrar tekrar bağışlamasının ve dertlerinden kurtarmasının tek nedeni, sahte ilahlara tapındıkları için ebedi ölümü deneyim etmelerini görmeyi istememesiydi.

Tanrı sürekli olarak Yaratıcı, yaşayan Tanrı olduğunun kanıtını bizlere gösterir ki, O'na ve sadece O'na ibadet edelim. Bizleri günahtan tek Oğlu İsa Mesih aracılığıyla kurtarmış ve göksel egemenlikte sonsuza dek yaşama umudunu vermiştir.

Tanrı, kulları, Kutsal Kitap'ın altmış altı bölümü ve insanlık tarihi aracılığıyla mucizeler, belirtiler ve harikalar göstererek yaşayan Tanrı olduğunu bilmemize ve buna inanmamıza yardım eder.

Sonuç olarak, her şeyi kontrol eden, evrenin Yaratıcısı Tanrı'ya sadakatle ibadet etmeliyiz. O'nun çocukları olarak sadece O'na güvenerek bolca meyve vermeliyiz.

3. Bölüm
İkinci Buyruk

"Put Yapmayacak, Onlara Tapınmayacaksın"

Mısır'dan Çıkış 20:4-6

"Kendine yukarıda gökyüzünde, aşağıda yeryüzünde ya da yer altındaki sularda yaşayan herhangi bir canlıya benzer put yapmayacaksın. Putların önünde eğilmeyecek, onlara tapmayacaksın. Çünkü ben, Tanrın RAB, kıskanç bir Tanrı'yım. Benden nefret edenin babasının işlediği suçun hesabını çocuklarından, üçüncü, dördüncü kuşaklardan sorarım. Ama beni seven, buyruklarıma uyan binlerce kuşağa sevgi gösteririm."

"Rab, benim için çarmıhta öldü. Ölüm korkusuyla Rab'bi nasıl yadsıyabilirim? O'na ihanet etmektense, Rab için on kez ölümü ve yüz yıllık, hatta bin yıllık anlamsız seneleri yaşamayı tercih ederim. Sadece tek bir taahhüdüm var. Lütfen ölümün gücüne galip gelmeme yardım edin ki, kendi hayatımı esirgeyerek Rab'bi utandırmayayım."

Bu, Japon putlarının önünde eğilmeyi reddettiği için şehit düşen Peder Ki-Chol Chu'nun iman ikrarıdır. Onun hikâyesi, *Fetihçilerden Daha Fazlası: Peder Ki-Chol Cu'nun Şehit Düşüşünün Hikâyesi* adlı kitapta bulunur. Kılıçların ve tüfeklerin korkusuna kapılmadan, Peder Ki-Chol Chu başını putların önünde eğmedi ve Tanrı'nın buyruğuna itaat ederek son nefesini verdi.

"Put Yapmayacak, Onlara Tapınmayacaksın"

Hristiyanlar olarak sadece ve sadece Tanrı'yı sevmek ve O'na ibadet etmek bizim görevimizdir. Bu yüzden Tanrı, "Benden başka tanrın olmayacak" olan ilk buyruğu vermiştir. Ve sonrasında katı bir şekilde putlar tapınmayı bize yasaklayarak, "Putların önünde eğilmeyecek, onlara tapmayacaksın" dediği ikinci buyruğu vermiştir.

İlk bakışta ilk ve ikinci buyruk aynı gibi görünebilir. Ama iki farklı buyruk olarak ayrılmışlardır çünkü her ikisinin de farklı ruhani anlamları vardır. İlk buyruk, çok tanrıcılığa karşı bir uyarıdır ve tek bir gerçek Tanrı'ya ibadet etmememizi ve yalnız O'nu sevmemizi bizlere söyler.

İkinci buyruk ise, sahte ilahlara tapınmakla ilgili bir ders verir ve ayrıca Tanrı'ya ibadet edip O'nu sevdiğimiz de alacağımız kutsamaları anlatır. Öyleyse "put" kelimesinin anlamını çok daha yakından inceleyelim.

"Put" Kelimesinin Fiziki Anlamı

"Put" kelimesi iki şekilde açıklanabilir; fiziki ve ruhani put. Fiziki açıdan bir put, "ibadetin yöneltildiği ve fiziki şekli olmayan bir tanrıyı temsil amacıyla yaratılan bir şekil veya maddi bir nesnedir."

Diğer bir deyişle, bir put, ağaç, kaya, bir insanın görüntüsü, memeliler, böcekler, kuşlar, deniz canlıları, güneş, ay, gökyüzünde ki yıldızlar veya insanın hayal gücüyle çelikten, gümüşten, altından yaratılmış bir nesne ya da bir insanın saygı ve ibadetini yöneltmek için var olan hemen her şey olabilir.

Ama insanın yarattığı putun içinde yaşam yoktur; dolayısıyla ne sizi yanıtlayabilir, ne de kutsayabilir. Tanrı'nın kendi suretinde yarattığı insanların, kendi elleriyle bir başka nesneyi yaratıp ona ibadet etmeleri ne kadar komik ve aptalca görünür.

Yeşaya 46:6-7 ayetlerinde şöyle denir: *"Kimisi bol keseden harcadığı altından, Terazide tarttığı gümüşten Ücret karşılığında kuyumcuya ilah yaptırır, Önünde yere kapanıp tapınır. Onu omuzlayıp taşır, yerine koyar. Öylece durur put, yerinden kımıldamaz. Kendisine yakarana yanıt veremez, Onu sıkıntısından kurtaramaz."*

Bu ayetlerle salt bir putun yaratılıp ona ibadet edilmesi kastedilmez, ama ayrıca kötü şansa karşı muskalara inanmayı veya ölülerin önünde eğilerek gerçekleştirilen kurban törenleri düzenlemeyi de içerir. Hatta insanların inandığı batıl inançlar veya büyücülük alıştırmaları da bu kategoriye düşer. İnsanlar, muskaların zorlukları uzaklaştırdığını ve iyi talih getirdiklerini düşünürler. Ancak bu doğru değildir. Ruhani açıdan zeki insanlar, karanlık ve kötü ruhların, muska ve putların olduğu yerlere ilgi duyduklarını ve bunları taşıyan insanlara eninde sonunda felaket ve sıkıntı getirdiklerini görebilirler. Yaşayan Tanrı'dan ziyade insanlara gerçek kutsamaları getiren bir başka tanrı yoktur. Diğer tanrılar aslında felaketin ve lanetin kaynağıdırlar.

Öyleyse insanlar neden putları yaratıp onlara ibadet ederler? Çünkü insanların fiziki anlamda gördükleri, hissettikleri ve dokundukları şeylerle kendilerini tatmin etmeye arzu duyma eğilimi vardır.

Bu insani düşünceyi Mısır'dan çıkan İsraillilerde görebiliriz. 400 yıllık köleliklerinden çektikleri acı ve zorluklar yüzünden Tanrı'ya seslendiklerinde, Tanrı, Musa'yı onları Mısır'dan çıkartacak önder olarak atadı ve Kendine iman etsinler diye onlara her türlü belirti ve harikaları gösterdi.

Firavun gitmelerine izin vermediğinde Tanrı, on belayı Mısır'ın üzerine yolladı. Kızıldeniz, İsraillilerin yoluna engel olarak çıktığında, Tanrı, denizi ikiye ayırdı. Ancak bunca mucizeyi deneyim ettikten sonra bile Musa'nın On Buyruk'u almak için kırk gün boyunca dağlarda kaldığı sürede sabırsızlandılar ve bir put yaratarak ona ibadet ettiler. Tanrı kulu Musa yanlarında olmadığı için görebildikleri bir şey yaratıp ona tapınmayı arzuladılar. Altından bir buzağıyı yaratarak onları hiçbir yere yönlendirmeyen bu puta tanrı dediler. Hatta ona kurbanlar sunup önünde yiyip içerek dans ettiler. Bu olay, Tanrı'nın büyük gazabının İsraillilerin üzerine düşmesine neden oldu.

Tanrı, ruh olduğundan O'nu fiziki gözlerimizle göremeyiz veya O'nu temsil edecek fiziki bir nesne yaratamayız. Bu nedenle asla bir put yapmamalı ve onu "tanrı" diye çağırmalıyız. Ve ona asla ibadet etmemeliyiz.

Yasa'nın Tekrarı 4:23 ayetinde şöyle denir: *"Tanrınız RAB'bin sizinle yaptığı antlaşmayı unutmamaya, kendinize Tanrınız RAB'bin yasakladığı herhangi bir şeyin suretinde put yapmamaya dikkat edin."* Gerçek yaratıcı Tanrı yerine cansız, kudretsiz bir puta tapınmak, insanlara iyilikten çok daha fazla zarar getirir.

Puta Tapınmaya Örnekler

Bazı inanlılar hiç bilmeden putlara tapınma tuzağına düşebilirler. Örneğin, bazıları İsa'nın resmi veya Bakire Meryem'in heykeli ya da imanın bir diğer öncüsü önünde başlarını eğebilirler.

İnsanların büyük bir çoğunluğu, bunun Tanrı'nın hoşnut olmadığı bir diğer putperest tapınma olduğunu düşünemeyebilirler. İşte size iyi bir örnek: Pek çok insan Bakire Meryem'i "Kutsal Anne" diye çağırırlar. Ancak Kutsal Kitap'ı incelerseniz, bunun aşikâr bir şekilde doğru olmadığını görebilirsiniz.

İsa'ya; bir erkekle kadının sperm ve yumurtasından değil ama Kutsal Ruh ile gebe kalınmıştı. Bu sebeple, Bakire Meryem'i "anne" diye çağıramayız. Örneğin günümüz teknolojisi, bir erkeğin spermiyle kadının yumurtasını son teknolojik makinelere koyarak suni döllemeye izin verir. Bu makineyi, böylesi bir işlemle doğan çocuğun "annesi" olarak çağıramayız.

Bakire Meryem, Baba Tanrı'nın özünde olan İsa'ya, Kutsal Ruh sayesinde gebe kalmıştı. Böylece fiziki bir beden de dünyaya gelebildi. Bu yüzden İsa, Bakire Meryem'e "anne" yerine "kadın" diye hitap eder (Yuhanna 2:4, 19:26)[1]. Kutsal Kitap'ta Meryem'e Rab'bin annesi olarak hitap edilmesi sadece Kutsal Kitap'ı

---

[1] Orijinal Yunanca İncil, İsa'nın Meryem'e "kadın" olarak hitap edişini aynen bırakmış ama Türkçe İncil, "kadın" yerine "anne" kelimesini kullanmıştır

kaleme alan İsa'nın öğrencilerinin bakış açısını yansıtır.

Ölümünden hemen önce, İsa, Meryem ile ilgili Yuhanna'ya seslenerek, "İşte, annen!" demiştir. Burada İsa, tıpkı annesiymiş gibi Yuhanna'dan Meryem'le ilgilenmesini istemektedir (Yuhanna 19:27). İsa böyle bir rica da bulunur çünkü Meryem'i avutmaya çalışmaktadır. İsa'ya Kutsal Ruh ile gebe kaldığı andan Tanrı'nın gücüyle olgunlaşıp Meryem'den bağımsız olana dek, Meryem, İsa'ya bakmıştı ve yüreği acıyla doluydu.

Her halükarda Bakire Meryem'in heykeli önünde eğilmek doğru değildir.

Birkaç sene önce bir Ortadoğu ülkesine yaptığım ziyarette nüfuzlu bir kişi beni evine davet etti ve sohbetimiz sırasında bana çok ilginç görünen bir halıyı gösterdi. Yapılması yılları alan paha biçilmez bir el işi halıydı. Üzerinde siyahî İsa'nın bir resmi vardı. Bu örnekten bile İsa'nın görüntüsünün tutarsız olduğunu ve yapan ressam veya heykelin kimliğine bağlı olarak değiştiğini görebiliriz. Ve eğer bu betimlemenin önünde eğilir veya dua edersek, kabul edilemez olan puta tapınmayı işlemekteyizdir.

Neler "Put" Sayılır ve Neler Sayılmaz?

Arada bir aşırı temkinli olanlar kiliselerde bulunan "haçların" bir çeşit put olduğunu öne sürerler. Ancak haç, bir put değildir;

Hristiyanların inandığı müjdenin bir sembolüdür. İnanlıların haça bakmalarının sebebi, insan ırkının günahı için kutsal kanını döken İsa'yı ve bizlere müjdeyi veren Tanrı'nın lütufunu hatırlamak içindir.

Sanatçının bir düşünceyi ifade etmeyi istediği "kuzuyu tutan İsa" veya *Son Akşam Yemeği* tabloları ya da herhangi bir heykeliyle de durum aynıdır.
İsa'nın kuzuyu tutan tabloları, iyi bir çoban olduğunu betimler. Sanatçı, tapınılacak bir nesne olması için bu tabloyu yaratmamıştır. Ama eğer biri ona tapınır veya önünde eğilirse, resimde bir puta dönüşür.

İnsanların, "Eski Ahit zamanlarında Musa put yapmıştı" dediği vakalar vardır. Bahsettikleri, Tanrı'ya yakındıkları için çölde zehirli yılanlar tarafından sokulan İsraillilerin yaşadığı olaydır. Zehirli yılan sokmasından pek çokları ölünce, Musa tunçtan bir yılan yapıp direğe koymuştu. Tanrı'nın sözüne itaat edip direkte ki tunçtan yılana bakanlar yaşamış ve bakmayanlar ise ölmüştü.

Tanrı, insanlar ona tapınsınlar diye Musa'ya tunçtan bir yılan yapmasını söylememiştir. Ruhani yasalara göre bir gün onları altında oldukları lanetten kurtaracak İsa Mesih'in bir örneklemesini göstermeyi istemiştir.

Tanrı'ya itaat edip tunçtan yılana bakanlar günahlarından

dolayı yok olup gitmediler. Aynı şekilde çarmıhta günahları için İsa Mesih'in öldüğüne inanan ve O'na Kurtarıcı ve Rab'leri olarak iman eden ruhlarda günahlarından yok olup gitmeyecek ama aksine ebedi yaşamların sahibi olacaklardır.

2. Krallar 18:4 ayeti, Yahuda'nın on altıncı kralı Hizkiya'nın İsrail'de ki tüm putları yok ettiğini yazar. *"Musa'nın yapmış olduğu Nehuştan adındaki tunç yılanı da parçaladı. Çünkü İsrailliler o güne kadar ona buhur yakıyorlardı."* Bu ayet, Tanrı'nın buyruğuyla tunç yılan yaratılmış olsa da, asla tapınılacak bir puta dönüştürülmemesi gerektiğini insanlara bir kez daha hatırlatır çünkü tunç yılan için Tanrı'nın niyeti bu değildi.

"Put" un Ruhani Anlamı

Fiziki anlamda "put" kelimesini anlamanın yanı sıra ruhani bakımdan da anlamalıyız. "Puta tapınmanın" ruhani anlamı, "bir kişinin Tanrı'dan çok daha fazla sevdiği her şeydir." Putperestlik, Buda'nın resmi önünde veya ölmüş bir atanın huzurunda eğilmekle sınırlı değildir.

Eğer bencilce arzularımızla anne-babamızı, eşimizi ve hatta çocuklarımızı Tanrı'dan daha çok seviyorsak, ruhani açıdan bu sevdiğimiz kişileri "putlara" dönüştürüyoruzdur. Ve eğer kendimizi çok yüksekte görür ve çok seversek, kendimizi de putlara dönüştürürüz.

Elbette ki bu, sadece Tanrı'yı sevmemiz ve Tanrı'dan başka hiç kimseyi sevmememiz anlamını taşımaz. Örneğin Tanrı, ebeveynleri gerçeğe uygun sevmelerinin Tanrı'nın çocuklarının görevi olduğunu söyler. Onlara, "Annene babana saygı göster" diye buyurur. Fakat onlara olan sevgimiz bizleri gerçekten uzaklaştırıyorsa, o zaman onları Tanrı'dan çok daha fazla seviyor ve böylece "putlara" dönüştürüyoruzdur.

Her ne kadar anne ve babamızın sayesinde fiziki bedenlerimiz doğuyorsa da, sperm ve yumurtayı, yaşam tohumlarını yaratan Baba Tanrı olduğundan, Tanrı, ruhlarımızın da babasıdır. Hristiyan olmayan ebeveynlerin, çocuklarının her Pazar Kiliseye gitmesini onaylamadığını varsayın. Eğer Hristiyan olan evlat, anne-babasını hoşnut etmek için kiliseye gitmiyor ise, o zaman ebeveynlerini Tanrı'dan çok daha fazla seviyor demektir. Bu sadece Tanrı'nın yüreğini yaralamakla kalmaz, ama ayrıca çocuğun anne ve babasını gerçekten sevmediği anlamını da taşır.

Eğer birini gerçekten seviyorsanız, o kişinin kurtulmasını ve ebedi yaşama kavuşmasını istersiniz. Bu, gerçek sevgidir. Bu sebeple ilk olarak ve en önemlisi; Rab'bin günü kutsal saymalı ve sonra anne-babanız için dua etmeli, en kısa zamanda müjdeyi onlarla paylaşmalısınız. Ancak o zaman onları gerçekten sevdiğinizi ve saydığınızı söyleyebilirsiniz.

Veya tam tersinin olduğu durumlarda, bir ebeveyn olarak çocuğunuzu gerçekten seviyorsanız, önce Tanrı'yı sevmeli ve sonra Tanrı'nın sevgisiyle çocuklarınızı sevmelisiniz. Çocuklarınız sizin için ne kadar değerli olursa olsun, onları düşman iblisten ve Şeytan'dan sınırlı insani gücünüzle koruyamazsınız. Bunu yapamadığınız gibi onları ayrıca ne ani kazalardan, ne de modern bilimin henüz keşfetmediği tedavi edilemez hastalıklardan koruyabilirsiniz.

Ama anne-babalar Tanrı'ya ibadet ettiklerinde ve Tanrı'nın kollarında çocuklarına güvendiklerinde ve onları Tanrı'nın sevgisinde sevdiklerinde, Tanrı, onların çocuklarını korur. Onlara ruhsal ve fiziksel güç vermekle kalmaz ama ayrıca kutsar ki, yaşamlarının her alanında gönenç içinde olsunlar.

Aynı durum eşler içinde geçerlidir. Tanrı'nın gerçek sevgisinin farkında olmayan bir çift, birbirlerini sadece benliğin sevgisiyle sevecektir. Bazı zamanlar kendi çıkarlarını güdecek ve bu yüzden birbirleriyle tartışacaklardır. Ve zamanla birbirlerine olan sevgileri bile değişebilecektir.

Ama bir çift, birbirlerini Tanrı'nın sevgisinde severse, birbirlerini ruhani bir aşkla seveceklerdir. Böyle bir durumda birbirlerine ne kızacak ne de birbirlerine güceneceklerdir. Ve kendi bencil arzularını tatmin etmeye çabalamayacaklardır. Bunların aksine, değişmeyen, gerçek ve güzel bir sevgiyi paylaşacaklardır.

Bir şeyi veya Birini Tanrı'dan Daha Fazla Sevmek

Ancak Tanrı'nın sevgisi içinde olduğumuzda ve önce Baba Tanrı'yı sevdiğimizde, başkalarını gerçek bir sevgiyle sevebiliriz. İşte bu yüzden Tanrı bizlere, "Önce Tanrı'nızı sevin" ve "Benden başka tanrın olmayacak" der. Ama bunu duyduktan sonra eğer "Kiliseye gittiğimde bana orada sadece Tanrı'yı sevmemi söylediler. Ailemi sevmiyorum" derseniz, o zaman Tanrı'nın buyruğunun ruhani açıklamasını ciddi bir şekilde yanlış anlamışsınız demektir.

Eğer bir inanlı olarak Tanrı'nın buyruklarını çiğner veya maddi zenginlik, ün, bilgi ya da güç kazanmak için dünyaya ödün verir ve böylece gerçekte yürümekten saparsanız, ruhani bakımdan kendinize bir put yaratıyorsunuz demektir.

Rab'bin gününü kutsal saymayan veya Tanrı'nın ondalıklarını verenleri kutsayacağı vaadine rağmen zenginliklerini Tanrı'dan daha çok sevip ondalıklarını vermeyen insanlar vardır.

Yeniyetmeler sıklıkla sevdikleri şarkıcıların, aktörlerin, sporcuların veya çalgıcıların resimlerini odalarının duvarlarına asar veya resimlerinden kitap ayraçları yapar ya da sevdikleri bu yıldızları kalplerine yakın tutmak için yeleklerinin içinde ve ceplerinde taşırlar. Yeniyetmelerin bu insanları Tanrı'dan çok daha fazla sevdiği zamanlarda olur.

Elbette ki yaptıkları işlerde iyi olan aktörleri, aktrisleri, sporcuları vs sevebilir ve onlara saygı duyabilirsiniz. Ama eğer kendinizi Tanrı'dan uzak tutacak şekilde bu dünyaya ait şeyleri sever ve onlara değer verirseniz, Tanrı hoşnut olmaz. Ayrıca tüm yürekleriyle belli başlı eğlence ve video oyunlarına bağlanan gençlerde sonunda bu şeyleri "put" haline getirebileceklerdir.

Tanrı'nın Sevgiden Gelen Kıskançlığı

Bizlere putperest tapınma konusunda güçlü buyruklar verdikten sonra, Tanrı, Kendisine itaat edenlerin alacağı kutsamaları ve itaatsizlik edenlere de uyarılarını sıralar.

"Putların önünde eğilmeyecek, onlara tapmayacaksın. Çünkü ben, Tanrın RAB, kıskanç bir Tanrı'yım. Benden nefret edenin babasının işlediği suçun hesabını çocuklarından, üçüncü, dördüncü kuşaklardan sorarım. Ama beni seven, buyruklarıma uyan binlerce kuşağa sevgi gösteririm" (Mısır'dan Çıkış 20:5-6).

Beşinci ayette Tanrı, "kıskanç bir Tanrı" olduğunu söylediğinde insanların kıskançlığına benzer bir kıskançlıktan bahsetmemektedir. Çünkü aslında kıskançlık, Tanrı'nın karakter özelliklerinden biri değildir. Tanrı, "kıskanç" kelimesini kullanır ki, bizlerin kendimize has insani duygularla anlaması daha kolay olsun. İnsanların hissettikleri kıskançlık benliğe ait, kokuşmuş ve kirlidir; insanları incitir.

Örneğin bir kocanın eşine duyduğu aşk başka bir kadına yönelirse ve eşi diğer kadını kıskanmaya başlarsa, eşin ani değişimi korkutucu bir hal alır. Eş, öfke ve nefretle dolacaktır. Kocasıyla tartışacak, kocasının tüm zaaflarını tanıdıklarına anlatacak ve koca utanç içinde olabilecektir. Bazı zamanlarda eş diğer kadına giderek onunla kavgaya tutuşabilir veya kocasına karşı dava açabilir. Böyle bir durumda eş, kıskançlığının bir sonucu olarak kocasının başına kötü bir şey gelmesini diler. Onun kıskançlığının kaynağı sevgi değil, ama nefrettir.

Eğer bir kadın kocasını gerçekten de ruhani bir aşkla seviyor olsaydı, benliğin kıskançlığıyla kavrulmak yerine önce içgözlem yaparak kendine, "Tanrı ile aram iyi mi? Kocamı gerçekten sevip hizmet ettim mi?" diye sorardı. Ve çevresinde ki herkese kocasının eksiklerini anlatarak utandırmak yerine, onu sadakat yoluna geri çevirmek için Tanrı'dan bilgelik dilerdi.

Öyleyse Tanrı'nın hissettiği kıskançlık ne tip bir kıskançlıktır? Tanrı'ya ibadet etmediğimiz ve gerçekte yaşamadığımız zaman Tanrı, yüzünü bizden çevirir. O zaman sınamalar, sıkıntılar ve hastalıklarla yüzleşiriz. Bu olursa, bunun günahtan kaynaklandığını bilerek (Yuhanna 5:14), inanlılar tövbe edecek ve bir kez daha Tanrı'yı bulmaya çabalayacaklardır.

Bir peder olarak zaman zaman bunları yaşayan kilise üyeleriyle karşılaştım. Örneğin, bir kilise üyesinin işi gayet iyi gider ve hızla büyümektedir. Çok meşgul olduğu bahanesiyle odaklanmasını kaybedip dua etmeyi ve Tanrı'nın işlerini yapmayı keser. Öyle ki, Pazarları kilise ayinlerini kaçırma noktasına kadar gelir.

Bunun sonucunda Tanrı bu işadamından ve işinden yüzünü çevirir ve bir zamanlar hızla büyümekte olan işi bir krizle yüzleşir. Ancak o zaman Tanrı'nın buyruklarına göre yaşamadığı gerçeğinin farkına varır ve tövbe eder. Tanrı, sevgili çocuklarının kısa bir süreliğine zor bir durumla yüzleşerek Tanrı'nın isteğini kavramasını, kurtulmasını ve doğru yolda yürümesini, sonsuza dek uzak düşmesine yeğler.

Eğer Tanrı, sevgiden kaynaklanan bu kıskançlığı hissetmiyor ve aksine farklı bir şekilde bizim hatalarımızı gözlemliyor olsaydı, hatalarımızı kavrayamadığımız gibi yüreklerimizde nasırlaşır, sürekli günah işlememize neden olur ve sonunda ebedi ölümün yoluna düşmemize sebep olurdu. Dolayısıyla Tanrı'nın kıskançlığının kaynağı gerçek sevgidir. O'nun yüce sevgisinin bir ifadesi, bizleri yenilemeye ve ebedi yaşama taşıma arzusudur.

İkinci Buyruğa İtaat ve İtaatsizlikle Gelen Kutsama ve Lanetler

Tanrı, tüm insanlar kurtulsun diye tek ve yegâne Oğlu'nu kurban veren Yaratıcımız ve Babamız'dır. Ayrıca tüm insanların yaşamları üzerinde egemendir ve kendisine ibadet edenleri kutsamayı arzular.

Ve bu Tanrı'ya ibadet etmek ve O'na tapmak yerine sahte putlara tapınmak, Tanrı'dan nefret etmektir. Ve "Benden nefret edenin babasının işlediği suçun hesabını çocuklarından, üçüncü, dördüncü kuşaklardan sorarım" diye yazıldığı gibi Tanrı'dan nefret edenler cezalandırılırlar (Mısır'dan Çıkış 20:5).

Çevremize baktığımızda, nesiller boyu putlara tapan ailelerin cezalandırılmasına devam edildiğini kolayca görebiliriz. Bu ailelerden gelen insanlar, kötü ve/veya tedavi edilemez hastalıklardan, sakatlıklardan, zihinsel geriliklerden, cin çarpmasından, intihardan, mali zorluklardan ve her türlü sınamalardan çekerler. Ve eğer bu felaketler dördüncü nesle kadar devam ederse, o zaman aile tamamıyla harap olacak ve onarılamayacaktır.

Ama Tanrı'nın neden "dördüncü kuşak" yerine "üçüncü ve dördüncü kuşak" dediğini düşünüyorsunuz? Bu, Tanrı'nın merhametini gösterir. Ataları sahte ilahlara tapınmış ve Tanrı'ya düşman durmuş olsalar da, tövbe eden ve Tanrı'yı arayan nesillere yer açmaktadır. Bu insanlar, o ailenin üzerine yağan cezaların sonlandırılması için Tanrı'ya bir neden verirler.

Ancak ataları Tanrı'ya karşı büyük bir düşmanlıkla duran, ciddi bir şekilde putlara tapan ve kötülük inşa eden kimseler ise, onların torunları Rab'be iman ederken bile zorluklarla yüzleşeceklerdir. İman etseler dahi, atalarına ruhani bir kordonla bağlı gibidirler; dolayısıyla ruhani bir zafer kazanana dek, ruhani yaşamlarında pek çok zorlukla karşılaşacaklardır. Düşman iblis ve Şeytan, kendileriyle birlikte edebi karanlığa onları da sürüklemek için, bu insanları iman sahibi olmaktan uzak tutmanın her yolunu deneyecektir.

Ama eğer onlar, Tanrı'nın merhametini ararken alçakgönüllü yüreklerle atalarının günahlarından tövbe ederler ve kendi içlerinde mevcut günahkâr doğayı söküp atarlarsa, hiç şüphesiz Tanrı onları koruyacaktır. Diğer yandan insanlar Tanrı'yı sevdiklerinde ve O'nun buyruklarını tuttuklarında, Tanrı onların ailesini 1000. kuşağa kadar kutsayacak ve Lütufunu sonsuza dek almalarına izin verecektir. Tanrı'nın üçüncü ve dördüncü kuşağa kadar cezalandıracağı ve 1000. kuşağa kadar kutsayacağı sözlerine bakarsak, Tanrı'nın bizlere olan sevgisini net bir şekilde görebiliriz.

Bundan, sırf atalarınız Tanrı'nın büyük kullarıydı diye otomatik olarak bolca kutsanacağınız anlamı çıkmaz. Örneğin Tanrı, Davut'u, "yüreğini Tanrı'ya adayan adam" diye çağırdı ve Davut'un torunlarını kutsayacağını vaat etti (1. Krallar 6:12). Ancak Davut'un çocukları arasından Tanrı'dan uzaklaşanların vaat edilen kutsamaları almadıklarını öğreniriz.

İsrailli kralların tarihine baktığımızda, Tanrı'ya ibadet ve kulluk eden kralların Tanrı'nın Davut'a vaat ettiği kutsamaları aldığını görürüz. Onların önderliği altında, ulusları komşu ülkelerin vergi vermesi noktasında zenginleşti ve gelişti. Ancak

Tanrı'dan dönen ve O'na karşı günah işleyen krallar, yaşamları boyunca pek çok zorluklar yaşadılar.

Ancak insanlar Tanrı'yı sever ve putlarla kendilerini lekelemeden gerçek üzerinde yaşamaya çabalarlarsa, atalarının onlar için inşa ettiği kutsamaları da alabilirler.

Dolayısıyla, Tanrı'nın nefret ettiği tüm ruhani ve fiziki putları yaşamlarımızdan söküp attığımızda ve Tanrı'yı en başa yerleştirdiğimizde, bizlerde Tanrı'nın sadık kulları ve torunlarına vaat ettiği bolca kutsamaları alırız.

4. Bölüm
Üçüncü Buyruk

—◈◈—

"Tanrın RAB'bin adını boş yere ağzına almayacaksın"

Mısır'dan Çıkış 20:7

"Tanrın RAB'bin adını boş yere ağzına almayacaksın. Çünkü RAB, adını boş yere ağzına alanları cezasız bırakmayacaktır."

İsraillilerin Tanrı'nın sözlerini gerçekten bağırlarına bastıklarını Kutsal Kitap'ın yazılış şeklinden ve hatta okurken kolayca görebiliriz.

Matbaa icat edilmeden önce insanlar, Kutsal Kitap'ı elle yazmak zorundaydılar. Ve "Yehova" kelimesinin yazılması gereken her yerde kâtip tüm vücudunu birkaç kez yıkar ve hatta kullandığı fırçayı bile değiştirirdi çünkü bu ad öylesine kutsaldı. Ve kâtip ne zaman bir hata yapsa o bölümü yırtıp atmak ve sil baştan yazmak zorundaydı. "Yehova" kelimesi hatalı yazıldığı takdirde, ta en baştan her şeyi baştan sona kontrol etmek zorundaydı.

İsrailliler, Kutsal Kitap'ı okurken "Yehova" ismini sesli telaffuz etmiyorlardı. Onun yerine "Rab'bim" anlamına gelen "Adonay" kelimesini kullanırlardı çünkü Tanrı'nın adının sesli okunamayacak kadar kutsal olduğuna inanıyorlardı.

"Yahweh", Tanrı'yı temsil eden bir isim olduğundan, o adın ayrıca Tanrı'nın görkemli ve egemen karakterinin de bir temsili olduğuna inanıyorlardı. Onlara göre o isim, Her-şeye-gücü-yeten Yaratıcı'nın yerine geçiyordu.

"Tanrın RAB'bin adını boş yere ağzına almayacaksın"

Bazı insanlar, On Buyruk arasında böyle bir buyruğun olduğunu bile hatırlamazlar. Hatta inanlılar arasında bile

Tanrı'nın ismini büyük bir saygıyla tutmayıp onu yanlış kullananlar vardır.

"Yanlış kullanmak", bir şeyi hatalı veya uygunsuz şekilde kullanmak anlamına gelir. Ve Tanrı'nın adını yanlış kullanmak, Tanrı'nın kutsal adını hatalı, kutsal olmayan ve uygunsuz bir şekilde kullanmak demektir.

Örneğin bir kişi kendi aklından geçenleri söylüyor ve Tanrı'nın sözlerini söylediğini iddia ediyorsa veya dilediği gibi davranıyor ve Tanrı'nın istemine göre davrandığını iddia ediyorsa, Tanrı'nın adını yanlış kullanıyordur. Tanrı'nın adını kullanarak asılsız yemin etmek, Tanrı'nın adıyla etrafta şakalar yapmak, Tanrı'nın adını boş yere ağza almaya örneklerdir.

İnsanların Tanrı'nın adını boşa ağza aldıkları diğer yaygın bir durum ise, Tanrı'yı aramadıkları halde sıkıntılı durumlarla yüzleşenlerin kızgınlıkla, "Tanrı çok kayıtsız!" veya "Tanrı gerçekten var olsaydı, bunların olmasına nasıl izin verirdi?" gibi sarf ettikleri sözlerdir.

Eğer biz yaratılanlar, yüceltilip sayılmayı hak eden Yaratıcımızın adını yanlış kullanıyorsak nasıl olurda Tanrı bizleri günahsız saymaz? Bu sebeple Tanrı'yı saymalı ve Tanrı'nın huzurunda kabalık sergilemediğimiz veya O'na saygısızlık etmediğimizden emin, sürekli kendimizi ihtiyatla gözden geçirerek gerçekte yaşamalıyız.

Tanrı'nın adını boş yere ağza almak neden bir günahtır?

İlk Olarak, Tanrı'nın Adını Yanlış kullanmak, O'na İnanmadığımızın Bir Göstergesidir.

Yaşamın anlamı ve evrenin var oluşu üzerinde çalışmalar yapan filozoflar arasında bile "Tanrı öldü!" diyebilenler vardır. Ve hatta bazı sıradan insanlar bile "Tanrı yok!" gibi düşünmeden sözler ederler.

Bir keresinde bir Rus kozmonot şöyle demişti: "Uzaya gittim ve Tanrı hiçbir yerde görünmüyordu." Ama bir kozmonot olarak keşfettiği alanın, engin evrenin ufacık bir noktası olduğunu gayet iyi biliyor olmalıydı. Gittiği uzayın nispeten önemsiz bir kısmı içersinde gözleriyle Tanrı'yı göremediği için tüm evrenin Yaratıcısı Tanrı'nın var olmadığını söylemek bir kozmonot için ne akılsızca!

Mezmurlar 53:1 ayeti şöyle der: *"Akılsız içinden, 'Tanrı yok!' der. İnsanlar bozuldu, iğrençlik aldı yürüdü, İyilik eden yok"* Evreni, alçakgönüllü bir yürekle gören kişi, Yaratıcı Tanrı'ya işaret eden çok büyük sayıda kanıtı keşfedebilir (Romalılar 1:20).

Tanrı herkese Kendisine inanmak için bir şans vermiştir. İsa Mesih'ten önce ki Eski Ahit zamanlarında Tanrı, iyi insanların yüreklerine dokunmuştu ki, yaşayan Tanrı'yı hissedebilsinler. İsa Mesih'ten sonra ki bu günün Yeni Ahit döneminde Tanrı, insanların yüreklerinin kapısını birçok farklı şekilde çalmaya devam eder ki, pek çok insan O'nu tanısın.

Bu nedenle iyi insanlar yüreklerini açıp İsa Mesih'i kabul eder ve müjdeyi nasıl duymuş olurlarsa olsunlar kurtulurlar. Tanrı samimiyetle Kendisini arayanların duaları esnasında, yüreklerine güçlü tesir eder; görümler ve ruhani rüyalar vesilesiyle mevcudiyetini duyumsamalarını sağlar.

Bir keresinde kilise üyelerimizden birinin tanıklığını duymuş ve şaşkınlığa düşmekten kendimi alamamıştım. Bir gece, mide kanserinden vefat eden bu kadının annesi rüyasında kızına görünerek, "Eğer Manmin Kilisesinin Kıdemli Pederi Dr. Jaerock Lee ile tanışmış olsaydım, hastalığıma şifa bulurdum" demişti. Bu bayan zaten Manmin Merkez Kilisesine aşinaydı ama bu tecrübe vesilesiyle tüm ailesi kiliseye kayıtlarını yaptırdı ve bu bayanın tek oğlu sara hastalığından iyileşti.

Varlığını bizlere pek çok yolla gösteriyor olmasına rağmen Tanrı'nın varlığını inkâr eden insanlar hala vardır çünkü yürekte kötü ve akılsızdırlar. Eğer bu insanlar Tanrı'ya karşı yüreklerinde inat etmeye devam eder ve O'na hiç inanmadan O'nunla ilgili dikkatsizce konuşurlarsa nasıl olurda Tanrı onları günahsız sayar?

Başımızda ki saçların sayısını bile bilen Tanrı, tüm hareketlerimizi ateşten gözleriyle izlemektedir. Eğer insanlar bu gerçeğe inanmışlar ise, Tanrı'nın adını boş yere ağızlarına asla almazlar. Bazı insanlar inanıyor gibi görünebilir ama yüreklerinin derinliklerinden inanmadıklarından dolayı O'nun adını boş yere ağızlarına alıyor olabilirler. Ve bu da Tanrı'nın huzurunda bir günaha dönüşür.

İkinci Olarak, Tanrı'nın Adını Yanlış Kullanmak, Tanrı'yı Önemsemediğimizin Bir Göstergesidir.

Eğer Tanrı'yı önemsemiyorsak, O'nu saymadığımız anlamı ortaya çıkar. Eğer Yaratıcı Tanrı'ya saygısızlık etmeye cüret ediyorsak, günahsız olduğumuzu söyleyemeyiz.

Mezmurlar 96:4 şöyle der: *"Çünkü RAB uludur, yalnız O övgüye değer, İlahlardan çok O'ndan korkulur."* 1. Timoteos 6:16 ayetleri şöyle der: *"ölümsüzlüğün tek sahibi, yaklaşılmaz ışıkta yaşayan, hiçbir insanın görmediği ve göremeyeceği. Onur ve kudret sonsuza dek O'nun olsun! Amin."*
Mısır'dan Çıkış 33:20 şöyle der: *"Ancak, yüzümü görmene izin veremem. Çünkü yüzümü gören yaşayamaz."* Yaratıcı Tanrı öylesine yüce ve kudretlidir ki, biz yaratılmış olanlar saygısızca dilediğimiz zaman O'na bakamayız.

Bu sebeple eski zamanlarda iyi vicdana sahip insanlar, Tanrı'yı bilmemiş olmalarına rağmen göklere saygı sözcükleriyle hitap ettiler. Örneğin Kore'de ki insanlar, Yaratıcıya saygılarını göstermek için göklerle veya hava durumuyla ilgili saygı dolu ifadeler kullanırlardı. RAB Tanrı'yı bilmiyor olabilirlerdi; ama yağmur gibi ihtiyaç duydukları şeyleri göklerden kendilerine yollayanın, evrenin her-şeye-gücü-yeten Yaratıcısı olduğunu biliyorlardı. Dolayısıyla sözleriyle O'na saygılarını göstermeyi istediler.

İnsanların pek çoğu yürekten saygı duydukları insanlara veya ebeveynlerine saygısız sözler sarf etmez ve onların adlarını yanlış kullanmazlar. Dolayısıyla eğer evreni yaratan ve yaşam veren Tanrı ile ilgili konuşuyorsak, en kutsal şekilde ve en yüksek saygıda sözler hitap etmemiz gerekmez mi?

Ne yazık ki günümüzde kendilerinin inanlı olduğunu söyleyip Tanrı'ya saygı göstermeyen, salt adını ciddiye almayan insanlar vardır. Örneğin Tanrı'nın adını kullanarak şakalar yapar veya Kutsal Kitap'tan dikkatsizce alıntılar yaparlar. Kutsal Kitap, *"Söz Tanrı'ydı"* (Yuhanna 1:1) dediğinden, Kutsal Kitap'ta ki sözlere saygısızlık etmek Tanrı'ya saygısızlık etmek gibidir.

Tanrı'ya karşı yapılan bir diğer saygısızlık ise, O'nun adıyla yalan söylemektir. Bir kişinin büyüyle kendi zihninden bir şey hakkında konuşması ve buna "Bu, Tanrı'nın sesidir" veya "Bu şeye sebep olan Kutsal Ruh'tur" gibi sözler sarf etmesi buna bir örnektir. Yaşça büyük bir insanın adını saygısızca ve nezaketten uzak kullanmayı uygunsuz bulurken, Tanrı'nın adını bu şekilde ağzımıza almak konusunda ne kadar çok daha dikkat göstermemiz gereklidir?

Her-şeye-gücü-yeten Tanrı, tüm yaşayan canlıların

yüreklerini ve düşüncelerini kendi Elinin avucu gibi bilir. Onların eylemlerini motive edenin kötülük mü yoksa iyilik mi olduğunu bilir. Ateş gibi gözleriyle Tanrı, her bireyin yaşamını izler ve her insanı da eylemlerine göre yargılayacaktır. Eğer bir kişi buna gerçekten inanırsa Tanrı'nın adını kesinlikle yanlış kullanmayacak veya O'na karşı haddini bilmezlik günahını işlemeyecektir.

Hatırlamamız gereken bir diğer şey ise, Tanrı'yı gerçekten seven insanların sadece Tanrı'nın adını kullanırken değil, ama O'nunla ilgili her şeyde dikkatli olmaları gerektiğidir. Tanrı'yı gerçekten seven insanlar, kendi mal varlıklarından daha çok kilise binasına ve kilisenin mallarına dikkatlice muamele ederler. Ve miktar ne kadar az olursa olsun, kiliseye ait paralarla uğraşırken çok dikkatli olurlar.

Eğer kazayla bir kiliseye ait fincanı veya aynayı ya da pencereyi kırarsanız, bu hiç olmamış gibi davranıp unutur muydunuz? Ne kadar küçük olurlarsa olsunlar, Tanrı için ayrılmış şeyler ve O'nun nezaretinde olanlar, ihmal edilmemeli ve kötü muameleye maruz kalmamalıdır.

Doğrudan Tanrı ile alaka olduklarından, Tanrı'nın bir kulunu veya Kutsal Ruh'un vesilesiyle meydana gelen bir olayı yargılamadığımız ve küçük düşürmediğimiz konusunda da ayrıca dikkatli olmalıyız.

Her ne kadar Saul, Davut'a karşı bir çok kötülük yapmış ve Davut'a karşı büyük bir tehdit oluşturmuşsa da, Davut sonuna kadar Saul'un hayatını esirgedi çünkü Saul Tanrı'nın mesh ettiği kişiydi (1 Samuel 26:23). Aynı şekilde Tanrı'yı seven ve sayan bir kişi, Tanrı ile alakalı olan her konuda çok dikkatli olacaktır.

Üçüncü Olarak, Tanrı'nın Adını Yanlış Kullanmak, O'nun Adıyla Yalan Söylemektir.

Eğer Eski Ahit'e bakarsanız, İsrail'in tarihinde sahte peygamberler olduğunu görürsünüz. Bu sahte peygamberler, Tanrı'dan değilken olduklarını iddia ederek, insanlara verdikleri yanlış bilgilerle kafalarını karıştırmışlardır.

Yasa'nın Tekrarı 18:20 ayetlerinde, Tanrı böyle insanlara sert bir uyarı gönderir: *"Ancak, kendisine buyurmadığım bir sözü benim adıma söylemeye kalkışan ya da başka ilahlar adına konuşan peygamber öldürülecektir."* Eğer biri Tanrı'nın adını kullanarak yalan söylüyorsa, onların bu eyleminin cezası ölümdür.

Vahiy 21:8 şöyle der: *"Ama korkak, imansız, iğrenç, adam öldüren, fuhuş yapan, büyücü, putperest ve bütün yalancılara gelince, onların yeri, kükürtle yanan ateş gölüdür. İkinci ölüm budur."*

Eğer ikinci bir ölüm var ise, birinci bir ölümde vardır. Bundan kasıt, yeryüzünde Tanrı'ya inanmadan ölen insanlardır. Bu insanlar, günahlarının karşılığında azap dolu cezalara çarptırılacakları Aşağı Ölüler Diyarına gideceklerdir. Oysa kurtulanlar, İsa Mesih'in ikinci gelişinden sonra yeryüzünde hüküm sürecek Mutluluk kralığında bin yıl krallar gibi yaşayacaklardır.

Bin Yıllık Mutluluk Krallığı döneminden sonra, tüm insanların yargılanacağı ve eylemlerine göre ruhani ödül ve cezaları alacakları Büyük Beyaz Tahtın Yargısı olacaktır. O zaman kurtulamayan canlarda yargıyla yüzleşmek için ayrıca dirilecek ve her biri günahlarının ağırlığına göre ateş ya da kükürt gölüne gireceklerdir. İşte bu, ikinci ölümdür.

Kutsal Kitap, tüm yalancıların ikinci ölümü tadacaklarını söyler. Burada yalancılar, Tanrı'nın adını kullanarak yalan söyleyen herkestir. Sadece sahte peygamberlerle sınırlı değildir ama ayrıca Tanrı'nın adıyla ant içen ve sonra antlarını bozan insanlarda dâhildir. Bu, O'nun adıyla yalan söylemek ve böylece adını boş yere ağzına almakla aynıdır. Levililer 19:12 ayetinde Tanrı şöyle der: *"'Benim adımla yalan yere ant içmeyeceksiniz. Tanrınız'ın adını aşağılamış olursunuz. RAB benim.'"*

Ama bazen Tanrı'nın adını kullanarak yalan söyleyen inanlılarda olur. Örneğin Tanrı ile bir alakası olmamasına rağmen, "Dua ederken Kutsal Ruh'un sesini duydum. Bunu Tanrı'nın yaptığına inanıyorum" derler. Veyahut bir şeyin olduğunu görebilir ve emin olmamalarına rağmen "Bunu Tanrı yaptı" derler. Eğer gerçekten Tanrı'nın bir işiyse, sorun yoktur. Ancak Kutsal Ruh'un işi değilse ve öyle olduğunu söylemek adetleri haline gelmiş ise, bir sorun oluşur.

Elbette ki Tanrı'nın bir çocuğu her daim Kutsal Ruh'un sesini duymalı ve O'nun rehberliğini almalıdır. Ama Tanrı'nın kurtulmuş bir çocuğu olmanızın her daim Kutsal Ruh'un sesini duyacağınız anlamına gelmediğini bilmeniz önemlidir. Bir kişi kendini günahlarından ne kadar arındırdığına ve gerçekle kendini ne kadar doldurduğuna göre Kutsal Ruh'un sesini net bir şekilde duyabilecektir. Ve eğer bir kişi gerçekte yaşamıyor ve dünyaya ödün veriyorsa, Kutsal Ruh'un sesini net bir şekilde duyamaz.

Eğer bir kişi yalanla doluysa, gürültülü ve fiyakalı bir şekilde kendi benliğine ait düşünceleri Kutsal Ruh'un işleri olarak etiketliyorsa, sadece başkalarına yalan söylemekle kalmaz ama ayrıca Tanrı'nın huzurunda da yalan söyler. Kutsal Ruh'un sesini gerçekten duysa bile 100% emin olana dek bunu gizli tutmak için her çabayı göstermelidir. Bu yüzden bir şeyi Kutsal Ruh'un işi olarak dikkatsizce çağırmaktan kaçınmalı ve bu tarz iddialara büyük bir dikkatle kulak vermeliyiz.

Aynı kural rüyalar, görümler ve diğer ruhani tecrübeler içinde geçerlidir. Bazı rüyalar, Tanrı tarafından verilir; ama bazı rüyalarda kişinin güçlü arzu ve endişelerinin bir ürünüdür. Ve hatta bazı rüyalar, Şeytan'ın işi bile olabilir. Dolayısıyla bir kişi, "Bu rüya Tanrı'nın bir ürünüdür" gibi sonuçlara atlamamalıdır çünkü Tanrı'nın huzurunda böyle bir şey yapmak uygunsuz kaçar. Kendi günahları sonucu Şeytan tarafından verilen sıkıntı veya zorluklar nedeniyle insanların Tanrı'yı suçladıkları zamanlar olduğu gibi, insanların bir alışkanlık sonucu Tanrı'nın adını dikkatsizce bazı şeylerin üzerine yapıştırdığı zamanlarda vardır. İşleri yolunda gittiğinde "Tanrı beni kutsuyor" derler. Zorluklar geldiğinde, "Tanrı, kapıları kapattı" derler. Bazıları ise imanlarını dile getirirler. Ancak gerçek bir yürekten gelen iman ikrarıyla ciddiyetsiz ve böbürlenen bir yürekten gelen iman ikrarı arasında büyük fark olduğunu bilmek önemlidir.

Özdeyişler 3:6 şöyle der: *"Yaptığın her işte RAB'bi an, O senin yolunu düze çıkarır."* Ancak bu ayet, her şeyi her zaman için Tanrı'nın kutsal adıyla etiketlememiz anlamına gelmez. Her şekilde Tanrı'yı bilen bir kişinin, her daim gerçekte yaşamaya çabalayacağı ve Tanrı'nın adını kullanırken çok daha dikkatli olacağı anlamına gelir. Ve Tanrı'nın adını kullanmaya ihtiyaç duyduğunda sadık ve ketum bir yürekle yapacaktır.

Bu sebeple eğer Tanrı'nın adını yanlış kullanma günahını işlemek istemiyorsak, gece-gündüz O'nun adı üzerine de tefekkür etmeye çabalamalı, dualarımızda uyanık olmalı ve Kutsal Ruh ile dolmalıyız. Ancak bunu yaptığımız zaman net bir şekilde Kutsal Ruh'un sesini duyar ve O'nun rehberliğinde doğru davranışlar sergileriz.

Her Zaman O'ndan Saygıyla Korkun ve Soylu Sayılın

Tanrı, doğru ve titizdir. Ve O'nun Kutsal Kitap'ta kullandığı her bir söz, doğru ve uygundur. İnanlılara nasıl hitap ettiğine baktığınızda, Tanrı'nın doğru sözleri kullandığını görebilirsiniz. Örneğin birini "Kardeş" ya da "sevgili" diye çağırmak tamamıyla farklı bir ton ve anlam taşır. Bazen ise Tanrı, kişilerin imanlarının ölçüsüne göre doğru ve uygun kelimeleri kullanarak, "Babalar" ya da "Gençler" veya "Çocuklar" diye hitap eder (1. Korintliler 1:10; 1. Yuhanna 2:12-13, 3:21-22).

Üçlü Birlik için kullanılan adlara da aynı şey uygulanır. "RAB, Yehova, Baba Tanrı, Mesih, Rab İsa, İsa Mesih, Kuzu, Rab'bin Ruhu, Tanrı'nın Ruhu, Kutsal Ruh, Kutsallığın Ruhu" gibi çeşitli isimlerin kullanıldığını görürüz (Yaratılış 2:4; 1. Tarihler 28:12; Mezmurlar 104:30; Yuhanna 1:41; Romalılar 1:4).

Özellikle İsa'nın çarmıhı yüklenmeden önce ki Yeni Ahit'te O'na "İsa, Öğretmenim, İnsanoğlu" diye hitap edildiğini, ama ölüp dirildikten sonra ise "İsa Mesih, Rab İsa Mesih, Nasıralı İsa" diye çağrıldığını görürüz (1. Timoteos 6:14; Elçilerin İşleri 3:6).

Çarmıha gerilmeden önce Kurtarıcı olarak misyonunu henüz tamamlamamıştı; dolayısıyla "Halkını günahlarından kurtaracak kişi" anlamına gelen "İsa" olarak çağrılıyordu (Matta 1:21). Ama misyonunu tamamladıktan sonra, "Kurtarıcı" anlamını taşıyan "Mesih" ismini aldı.

Mükemmel olan Tanrı sözlerimiz ve eylemlerimizle bizlerinde mükemmel olmasını arzular. Bu nedenle ne zaman Tanrı'nın kutsal adını ağzımıza alsak, olabildiğince çok doğru ifade etmeliyiz. Bu sebeple Tanrı, 1. Samuel 2:30 ayetinin son bölümünde şöyle der: *"Beni onurlandıranı ben de onurlandırırım. Ama beni saymayan küçük düşürülecek."*

Eğer yüreklerimizin derinliklerinden Tanrı'ya büyük bir saygıyla yaklaşırsak, O'nun adını yanlış kullanma hatasına asla düşmez ve her daim O'ndan korkarız. Dualarınızda ve yüreklerinizde her daim uyanık olmanız için dua ediyorum ki, sürdürdüğünüz yaşamlar Tanrı'yı yüceltsin.

5. Bölüm

Dördüncü Buyruk

"Şabat Günü'nü kutsal sayarak anımsa"

Mısır'dan Çıkış 20:8-11

"Şabat Günü'nü kutsal sayarak anımsa. Altı gün çalışacak, bütün işlerini yapacaksın. Ama yedinci gün bana, Tanrın RAB'be Şabat Günü olarak adanmıştır. O gün sen, oğlun, kızın, erkek ve kadın kölen, hayvanların, aranızdaki yabancılar dahil, hiçbir iş yapmayacaksınız. Çünkü ben, RAB yeri göğü, denizi ve bütün canlıları altı günde yarattım, yedinci gün dinlendim. Bu yüzden Şabat Günü'nü kutsadım ve kutsal bir gün olarak belirledim."

Eğer Mesih'e iman edip Tanrı'nın bir çocuğu olduysanız, yapmanız gereken ilk şey, her Pazar Tanrı'ya ibadet etmek ve ondalıklarınızı tümüyle vermektir. Bütünüyle ondalıklarınızı ve sunularınızı vermeniz, tüm maddi ve fiziki şeyler üzerinde; Şabat gününü kutsal sayarak anımsamanız, tüm ruhani şeyler üzerinde Tanrı'nın yetkinliğine imanınızı gösterir (Bakınız Hezekiel 20:11-12).

Tanrı'nın ruhani ve fiziki yetkinliğini tanıyarak iman içinde davranışlar sergilediğinizde, hastalıklardan, ayartılmalardan ve zorluklardan Tanrı tarafından korunursunuz. Ondalıklarınızı sunmanız 8. bölümde çok daha detaylı anlatılacaktır. Bu bölüm de özellikle Şabat gününü kutsal saymak konusu ele alınacaktır.

Neden Pazar Günü Şabat Günü Oldu

Tanrı'nın dinlendiği güne atfedilen güne "Şabat" günü denir. Bu, Yaratıcı Tanrı'nın insanı ve evreni altı günde yaratıp yedinci gün dinlenmesinden gelir (Yaratılış 2:1-3). Tanrı, bu günü kutsamış ve insanların da o gün dinlenmesini istemiştir.

Eski Ahit zamanlarında Şabat günü cumartesiydi. Günümüzde de Yahudiler, Cumartesi günleri Şabat gününü tutarlar. Ama Yeni Ahit zamanına girdiğimizde Pazar günleri Şabat günü sayıldı ve o günü "Rab'bin Günü" olarak çağırmaya başladık. Yuhanna 1:17 şöyle der: *"Kutsal Yasa Musa aracılığıyla verildi, ama lütuf ve gerçek İsa Mesih aracılığıyla geldi."* Ve Matta 12:8 şöyle der: *"Çünkü İnsanoğlu Şabat Günü'nün de Rabbi'dir."* Ve tam olarak olan da budur.

Öyleyse neden Şabat günü Cumartesi'den Pazar gününe değişmiştir? Çünkü tüm insan ırkının İsa Mesih yoluyla gerçek bir dinlenceye sahip olacağı gün, Pazar günüdür.

İlk insan Âdem'in itaatsizliği yüzünden tüm insanlar günahın esiri oldular ve gerçek bir Şabat'a sahip olamadılar. İnsanlar alın teri dökerek aş edindiler ve keder, hastalık, ölümden çektiler. Bu nedenle İsa, bir insan bedeninde bu dünyaya geldi ve tüm insanlığın günahlarını ödemek için çarmıha gerildi. Öldü ve üçüncü gün ölümü fethederek dirilişin ilk meyvesini dirilerek verdi.

Dolayısıyla İsa, günah sorununu çözdü ve Şabat gününden sonra ki ilk gün olan Pazar gününün şafak vaktinde, tüm insanlığa gerçek Şabat'ı verdi. Bu sebeple Yeni Ahit zamanı Pazar günü—İsa Mesih'in tüm insanlık için kurtuluş yolunu tamamladığı gün—Şabat günü oldu.

Şabat'ın Rab'bi İsa Mesih

Rab'bin öğrencileri de Şabat gününün ruhani önemini kavrayarak Pazar gününü Şabat günü olarak belirlediler. Elçilerin

İşleri 20:7 şöyle der: *"Haftanın ilk günü ekmek bölmek için bir araya toplandığımızda,"* ve 1. Korintliler 16:2 şöyle der: *"Haftanın ilk günü herkes kazancına göre bir miktar para ayırıp biriktirsin. Öyle ki, yanınıza geldiğimde para toplamaya gerek kalmasın."*

Tanrı, Şabat gününün değişeceğini biliyordu ve bu yüzden Eski Ahit'te Musa'ya seslenirken bunu ima etti: *"İsrail halkına de ki, 'Size vereceğim ülkeye girip ürününü biçtiğiniz zaman, ilk yetişen ürününüzden bir demet kâhine götüreceksiniz. Kabul edilmeniz için, kâhin demeti RAB'bin huzurunda sallayacak. Demet Şabat'tan sonraki gün sallanacak. Demetin sallandığı gün, yakmalık sunu olarak RAB'be bir yaşında kusursuz bir erkek kuzu sunacaksınız'"* (Levililer 23:10-12).

Tanrı, Kenan Ülkesi'ne girdikten hemen sonra, Şabat gününde ilk yetişen ürünlerini İsraillilerden sunmalarını istedi. İlk yetişen ürün, dirilişin ilk meyvesi olan Rab'bi simgeler. Ve bir yaşında ki kusursuz erkek kuzu, Tanrı'nın kuzusu İsa Mesih'i temsil eder.

Bu ayetler, Şabat'tan sonra ki gün olan Pazar günü, barış sunusu ve dirilişin ilk meyvesi olan İsa'nın, kendisine iman edenlerin hepsine dirilişi ve gerçek Şabat'ı vereceğini gösterir.

Bu sebeple İsa Mesih'in dirildiği Pazar günü, gerçek bir sevinç ve şükran günüdür. O gün, yeni bir yaşamın doğduğu ve ebedi yaşama açılan kapının aralandığı gündür. O gün, gerçek Şabat'ın sonunda yerini aldığı gündür.

"Şabat Günü'nü kutsal sayarak anımsa"

Öyleyse Tanrı neden Şabat gününü kutsal kılmış ve tüm insanlardan kutsal sayarak anımsamasını istemiştir?

Çünkü her ne kadar benlikle güdülen bir dünya da yaşıyor olsakta, Tanrı bizlerden ruhani dünyaya ait şeyleri hatırlamamızı istemiştir. Umutlarımızın sadece bu dünyanın yitip gidecek şeyleri için olmamasını arzulamıştır. Bizlerden bu evrenin Efendisi ve Yaratıcı'sını anımsamamızı ve O'nun egemenliğinin gerçek ve ebedi Şabat'ına umut etmemizi istemiştir.

Mısır'dan Çıkış 20: 9-10 ayetlerinde şöyle denir: *"Altı gün çalışacak, bütün işlerini yapacaksın. Ama yedinci gün bana, Tanrın RAB'be Şabat Günü olarak adanmıştır. O gün sen, oğlun, kızın, erkek ve kadın kölen, hayvanların, aranızdaki yabancılar dahil, hiçbir iş yapmayacaksınız."* Bunun anlamı, Şabat Günü hiç kimsenin çalışmaması gerektiğidir. Bu sizi, hizmetlilerinizi, hayvanlarınızı ve evinize gelen tüm ziyaretçilerinizi içine alır.

Bu nedenle Ortodoks Yahudiler, Şabat Gününde yemek hazırlamaz, ağır şeyleri kaldırmaz veya uzak yola çıkmazlar. Çünkü tüm bu aktiviteler iş sayılır ve Şabat kurallarıyla bağdaşmaz. Ancak tüm bu sınırlamalar insanlar tarafından yapılmış ve nesillerden nesillere aktarılmıştır. Dolayısıyla

Tanrı'nın yasaları değillerdir.

Örneğin Yahudiler, İsa'ya karşı suçlama getirmenin bir yolunu aradıklarında, elleri sakat bir adamı gördüler ve İsa'ya sordular: "Şabat Günü bir hastayı iyileştirmek Kutsal Yasa'ya uygun mudur?" Hasta bir insanı Şabat Gününde iyileştirmeyi bile "iş" olarak gördüklerinden yasaya aykırı olduğunu düşünüyorlardı.

İsa onlara şu karşılığı verdi: *"Hanginizin bir koyunu olur da Şabat Günü çukura düşerse onu tutup çıkarmaz? İnsan koyundan çok daha değerlidir! Demek ki, Şabat Günü iyilik yapmak Yasa'ya uygundur"* (Matta 12:11-12).

Tanrı'nın bahsettiği Şabat'ı tutmak, herhangi bir işten kaçınmak anlamını taşımaz. İnanlı olmayanlar fiziki açıdan evlerinde kalarak dinlenir ya da eğlence faaliyetlerinde bulunurlar. Buna Şabat denmez çünkü bizlere gerçek bir yaşam vermez. Tanrı'nın bizler için tasarladığı şekilde öncelikle Şabat'ı kutsal sayarak anımsamalı ve kutsanmak için ruhani anlamını anlamalıyız.

Tanrı'nın o gün bizden istediği, fiziki değil ama ruhani bir dinlencedir. Yeşaya 58:13-14 ayetleri Şabat gününde insanların dilediklerini yapmamasını, kendi yollarında gitmemelerini, keyiflerine bakıp boş konulara dalmamalarını ve dünya zevklerine yönelmemelerini, ama o günü yüceltmelerini söyler.

Şabat günü; insanlar dünyevi olaylara takılmamalı ama Rab'bin bedeni olan kiliseye gitmeli, Tanrı'nın sözü olan yaşam ekmeğini almalı, dualar ve ilahilerle Rab ile paydaşlık içinde olmalı ve Rab'de ruhani dinlence içinde olmalıdırlar. Paydaşlık yoluyla inanlılar, Tanrı'nın lütufunu birbirleriyle paylaşmalı ve birbirlerinin imanının inşasında yardımcı olmalıdırlar. Böylesi ruhani bir dinlence içinde olursak, Tanrı, imanımızı olgunlaştırır ve ruhlarımız gönenç içinde olur.

Öyleyse Şabat gününü kutsal saymak için tam olarak neler yapmalıyız?

İlk Olarak, Şabat Günü'nün Kutsamalarını Arzulamalı ve Temiz Kaplar Olmak İçin Kendimizi Hazırlamalıyız.

Şabat günü, Tanrı'nın kutsal olarak ayırdığı ve Tanrı'dan kutsamaları aldığımız sevinçli bir gündür. Mısır'dan Çıkış 20:11 ayetinin son bölümü şöyle der: *"Bu yüzden Şabat Günü'nü kutsadım ve kutsal bir gün olarak belirledim."* Ve Yeşaya 58:13 ayetinde şöyle denmiştir: *"Şabat Günü'ne 'Zevkli, RAB'bin kutsal gününe' Onurlu derseniz."*

Günümüzde dahi Yahudiler, Şabat gününü tıpkı Eski Ahit zamanlarında olduğu gibi Cumartesi günleri tuttuğundan, bir gün öncesinden Şabat gününe hazırlanırlar. Tüm yiyecekleri hazırlar ve eğer evlerinden uzakta çalışıyorlar ise, Cuma akşamı geçe kalmayacak şekilde evlerinin yolunu tutarlar.

Bizlerde Pazar gününden önce yüreklerimizi Şabat için hazırlamalıyız. Her hafta Pazar olmadan önce dua için erkenden hazır olmalı ve her daim gerçekte yaşamaya çabalamalıyız ki, kendimiz ve Tanrı arasında hiçbir günah engeli örmeyelim.

Şabat gününü kutsal saymak, Tanrı'ya sadece tek bir günü adamamız gerektiği anlamına gelmez. Tüm bir haftayı Tanrı'nın sözüne göre yaşayacağımız anlamına gelir. Ve eğer hafta içinde Tanrı'ya karşı kabul edilmez bir şey yaptıysak, tövbe etmeli ve Pazar gününe temiz bir yürekle hazırlanmalıyız.

Ve Pazar ibadetine geldiğimizde, şükran dolu bir yürekle Tanrı'nın huzuruna çıkmalıyız. Tıpkı damadı bekleyen bir gelin gibi, sevinç ve beklenti içinde olan bir yürekle Tanrı'nın huzuruna çıkmalıyız. Böylesi bir hava içinde kendimizi fiziki açıdan hazırlamalı ve temiz bir görüntü içinde olmak için berber ya da kuaför salonuna da gidebiliriz.

Evimizi de temizleyebiliriz. Kilise de giymek üzere temiz ve tertipli bir giysiyi önceden hazırlamalıyız. Pazar gününe taşınacak hiçbir dünyevi işle Cumartesi gecesi ilgilenmemeliyiz. Pazar günü Tanrı'ya yapacağımız ibadetten bizleri alıkoyacak aktivitelerden kaçınmalıyız. Ayrıca Tanrı'ya ruhta ve gerçekte ibadet edebilmek için yüreklerimizi kırgınlık, sinirlilik ve üzüntü gibi hislere karşı korumaya çalışmalıyız.

Heyecanlı ve seven bir yürekle Pazar günleri için kendimizi Tanrı'nın lütufunu alacak kaplar olmaya değecek şekilde hazırlamalıyız. Bu, Rab'bimizde ruhani bir Şabat'ı deneyim etmemizi sağlayacaktır.

İkinci Olarak, Tüm Pazar Gününü Tamamıyla Tanrı'ya Adamalıyız.

Hatta inanlılar arasında bile sadece Pazar sabahları ayine katılıp akşam ayinlerini atlayanlar vardır. Bunu ya dinlenmek ya eğlenmek ya da başka işler nedeniyle yaparlar. Eğer gerçekten Tanrı'dan korkan yüreklerle Şabat gününü uygun bir şekilde tutacaksak, tüm günü kutsal saymalıyız. Öğleden sonra ki ayinleri atlamamızın sebebi, yüreklerimizin benliği hoşnut eden çeşitli şeyleri izlemesine izin vermemiz ve dünyevi şeylerin peşi sıra gitmemizdir.

Böyle bir tutumla sabah ayinlerinde başka şeyleri düşünerek dikkatimizin dağılması çok kolay olur. Kiliseye gitsek bile Tanrı'ya gerçek bir ibadeti sunamayabiliriz. İbadetimiz sırasında "Bu ayin biter bitmez eve gidip dinleneceğim" veya "Kiliseden sonra arkadaşlarımla buluşmak çok eğlenceli olacak" ya da "Ayin biter bitmez acele edip dükkânımı açmalıyım" gibi düşüncelerle aklımız dolu olabilir. Her türlü düşünce aklımıza girip çıkar ve vaaza odaklanamayabilir ve hatta ayin sırasında uyuklayıp yorgun hissedebiliriz.

Elbette ki yeni inanlıların imanları çok genç olduğundan kolayca dikkatleri dağılabilir veya fiziki anlamda çok yorgun olduklarından uyuklayabilirler. Tanrı, herkesin imanının ölçüsünü bildiğinden ve herkesin yüreklerinin derinliklerine baktığından, onlara merhamet gösterir. Ama eğer önemli ölçüde imana sahip birinin dikkati dağılır ve ayin esnasında uyuklarsa, Tanrı'ya saygısızlık ediyordur.

Şabat gününü kutsal saymak demek, Pazar günleri sadece kilisede bulunmak anlamına gelmez. Yüreklerimizin ve dikkatimizin merkezini Tanrı'ya odaklamak anlamına gelir. Ancak ruhta ve gerçekte tüm Pazar günü tam anlamıyla Tanrı'ya ibadet ettiğimizde, ibadetimiz esnasında yüreklerimizden gelen hoşnut kokuyu sevinçle kabul edecektir.

Şabat gününü kutsal sayarken Pazar günleri ibadetin dışında kalan saatleri de nasıl harcadığınız önemlidir. "Ayine katıldığım için yapmam gereken her şeyi yaptım" şeklinde düşünmemeliyiz. Ayinden sonra diğer inanlılarla paydaşlık içinde olmalı ve kiliseyi temizleyerek, kilise park yerinde ki trafiği yöneterek ve kilisede diğer gönüllü işleri yaparak Tanrı'nın egemenliğine hizmet etmeliyiz.

Günün sonunda evimize gidip dinlendiğimizde, salt kendimizi eğlendirecek eğlence etkinliklerinden kaçınmalıyız. Aksine O gün duyduğumuz vaaz üzerinde tefekkür etmeli veya Tanrı'nın lütufu ve gerçeğiyle ilgili ailemizle konuşup paylaşım içinde olmalıyız. Televizyonu hiç açmamak yerinde olur. Ancak eğer açacaksak, şehveti tetikleyecek veya dünyevi zevkleri aramamıza neden olacak belli şovlardan kaçınmaya çabalamalıyız. Bunların yerine iman-odaklı, temiz ve daha sağlıklı programları seyretmeliyiz.

En küçük şeylerde bile elimizden gelenin en iyisiyle Tanrı'yı hoşnut etmeye çabaladığımızı gösterdiğimizde, her insanın yüreğinin derinliklerine bakan Tanrı, sevinçle ibadetimizi kabul edecek, bizleri Kutsal Ruh'un doluluğuyla dolduracak ve gerçek anlamda dinlenebilelim diye bizleri kutsayacaktır.

Üçüncü Olarak, Dünyevi İşlerle Uğraşmamalıyız.

Pers Kralı Artahşasta'nın krallığı zamanında İsrail valisi olan Nehemya, Tanrı'nın isteğini anlayarak Yeruşalim kentinin surlarını sadece yeniden inşa etmekle kalmadı, ama ayrıca insanların Şabat gününü kutsal saydıklarını teminat altına aldı. Bu yüzden Şabat gününde çalışmayı veya satmayı yasakladı. Ve hatta Şabat gününden sonra ki gün iş yapmak için kentin surları dışında bekleyenleri kovaladı.

Nehemya 13:17-18 ayetlerinde Nehemya insanları şöyle uyarır: *"Yaptığınız kötülüğe bakın! Şabat Günü'nü hiçe sayıyorsunuz. Atalarınız da aynı şeyi yapmadı mı? Bu yüzden Tanrımız başımıza ve bu kente bela yağdırmadı mı? Siz Şabat Günü'nü hiçe sayarak Tanrı'nın öfkesini İsrail'e karşı alevlendiriyorsunuz."* Nehemya'nın söylemeye çalıştığı, Şabat günü iş yapmanın Şabat'ı ihlal etmek ve Tanrı'nın öfkesini alevlendirmek anlamına geldiğidir.

Şabat gününü her kim ihlal ederse Tanrı'nın yetkinliğini tanımıyor ve Şabat'ı kutsal sayanları kutsayan Tanrı'nın vaadine inanmıyor demektir. Bu sebeple adil olan Tanrı, onları korumaz ve böylece felaketler onların üzerine yağar.

Bu günde Tanrı bizlere aynı şeyi buyurmaktadır. Altı gün boyunca bizlere çok çalışmamızı ve yedinci gün dinlenmemizi söyler. Ve Şabat gününü kutsal sayarak anımsıyorsak, o zaman Tanrı bizlere sadece yedinci gün çalışarak kazandığımız karı vermekle kalmaz ama "dükkânlarımızın" bolca olmasıyla bizleri kutsar.

Eğer Mısır'dan Çıkış'ın 16. bölümüne bakarsanız, İsraillilere her gün man ve bıldırcın veren Tanrı'nın, Şabat gününe hazırlansınlar diye altıncı gün iki günlük ekmek verdiğini göreceksiniz. İsrailliler arasında bazı bencil olanlar her ne kadar Şabat günü man toplamaya çıktılarsa da, elleri boş dönmüşlerdir.

Aynı ruhani yasa bu günde bizler için geçerlidir. Eğer Tanrı'nın bir çocuğu Şabat gününü kutsal saymaz ve o gün çalışmaya karar verirse, kısa vadede kar edebilir; ama aslında uzun vadede kayıp yaşayacaktır.

Meselenin aslı şudur; o zaman zarfında Tanrı'nın koruması olmaksızın kar ediyor gibi görünseniz bile, bazı öngörülemeyen sorunlarla kuşatılırsınız. Mesela yapılan karlardan çok daha büyük bir kayıpla sonuçlanacak bir kazaya uğrayabilir veya hasta olabilirsiniz.

Ama aksini yapar ve Şabat gününü kutsal sayarak anımsarsanız, Tanrı sizi tüm hafta boyunca gözetir ve bolluğa yönlendirir. Kutsal

Ruh, ateşten sütunlarıyla sizleri himaye eder ve hastalıklardan korur. Sizi, işinizi, iş yerinizi ve gittiğiniz her yeri kutsar.

Tanrı, bu buyruğu bu sebeple On Buyruk'tan biri yapmıştır. Hatta Şabat gününün önemini halkı unutmasın ve ebedi ölüm yoluna girmesinler diye, Şabat günü çalışırken yakalanan insanların taşlanması gibi ciddi cezalar bile getirmiştir (Çölde Sayım 15. Bölüm).

Mesih'i hayatıma soktuğum andan itibaren Şabat gününü anımsayıp kutsal saydım. Kilisemizi kurmadan önce bir kitapçı dükkânı işletiyordum. Pazar günleri kitap kiralamaya ya da iade etmeye gelen çok sayıda insan gelirdi. Ve bu olduğunda onlara her zaman, "Bu gün Rab'bin günü ve dolayısıyla dükkân kapalı" derdim ve o gün iş yapmazdım. Bunun sonucunda bir kayıp yaşamak yerine, Tanrı bizlere çalıştığımız diğer altı gün öylesine bereket yağdırdı ki, Pazar günleri çalışmayı aklımızdan bile geçirmedik.

Şabat Gününde Çalışmaya ve İş Yapmaya Müsaade Edildiğinde

Kutsal Kitap'a baktığınızda, Şabat günü çalışmaya veya iş yapmaya müsaade edildiği zamanlar olduğunu görürsünüz. Bunlar, Rab'bin işini yapmak için gerekli olan ve insanların yaşamlarını kurtarmayı kapsayan iyi işlerdir.

Matta 12:5-8 şöyle der: *"Ayrıca kâhinlerin her hafta tapınakta Şabat Günü'yle ilgili buyruğu çiğnedikleri halde suçlu sayılmadıklarını Kutsal Yasa'da okumadınız mı? Size şunu söyleyeyim, burada tapınaktan daha üstün bir şey var. Eğer siz, 'Ben kurban değil, merhamet isterim' sözünün anlamını bilseydiniz, suçsuzları yargılamazdınız. Çünkü İnsanoğlu Şabat Günü'nün de Rabbi'dir."*

Kâhinlerin, Şabat günü yakmalık sunu olarak hayvan boğazlamaları iş sayılmazdı. Dolayısıyla Rab'bin gününde Rab için yapılan hiçbir iş Şabat'ın ihlali sayılmaz çünkü O, Şabat'ın Rab'bidir.

Örneğin eğer kilise tüm gün boyunca çok çalışan koro ve öğretmenler için bir yemek vermek istiyorsa ve kilisenin kafeteryası ya da bunu sağlayacak tesisi yoksa kilise başka bir yerden yemek alabilir. Çünkü Şabat'ın Rabbi, İsa Mesih'tir ve bu durumda yiyecek bir şeyler alıyor olmak, Rab için çalışıyor olmaktır. Elbette ki yiyeceğin kilisede hazırlanıyor olması çok daha arzulanan bir durumdur.

Pazar günleri kitap dükkânlarının kilisede açık olması, Şabat gününün kutsallığına saygısızlık anlamını taşımaz çünkü orada satılanlar bu dünyanın öğeleri değil, ama Rab'be inananlara hayat veren öğelerdir. Bunlar İnciller, ilahiler, vaaz kayıtları ve kiliseye ait diğer şeylerdir. Ayrıca otomatik meşrubat ve yiyecek makineleri ve kantinlere de müsaade edilir çünkü kilisede ki inanlıların Şabat günü imdadına koşarlar. Bunlardan elde edilen gelirler dünyevi satışların aksine, kilisenin dışına çıkmayarak özel görevleri ve iyi niyetli kuruluşları destekler.

Tanrı askeriye, emniyet ve hastane gibi yerlerde ki çalışmayı Şabat gününün ihlali saymaz. Bu işler, yaşamları korumak için yapılan iyi işlerdir. Ama işiniz bu kategorilerden biri olsa bile, salt yüreğinizle dahi Tanrı'ya odaklanmak zorundasınız. Yüreğiniz tatil gününüzü değiştirmek için amirlerinize başvuruda istekli olmalıdır.

Peki ya Pazar günleri düğünlerini yapan inanlılar? Eğer Tanrı'ya inandıklarını iddia ediyor ve Rab'bin gününde düğünlerini yapıyorlarsa, bu, imanlarının çok ham olduğunu gösterir. Ama Pazar günü düğünlerini yapmaya karar verirlerse ve kiliselerinden hiç kimse düğünlerine katılmaz ise, gücenir ve imanda ki yürüyüşlerinden saparlar. Kilise üyeleri bu durumu göz önünde bulundurarak ayinden sonra düğün törenine katılabilirler.

Bunu yaparlar çünkü evlenenlere alakalı olduklarını göstermek, duygularını incitmemek ve inanlı yaşamlarından kaymalarını önlemek isterler. Ama törenden sonra misafirlerin eğlendikleri resepsiyona katılmanız sizin için uygun kaçmaz.

Bu durumların dışında Şabat günüyle ilgili pek çok soru olabilir. Ancak Tanrı'nın yüreğini bir kez anlamaya başlarsanız, bu soruların yanıtını kolayca bulabilirsiniz. Yüreğinizde ki kötülüğü tamamen söküp attığınızda, tüm yüreğinizle ibadet edebilirsiniz. Ferisiler ve Sadukiler gibi insan eliyle yapılmış yasa ve kurallarla diğer ruhları yargılamak yerine, içten bir sevgiyle onlara muamele edebilirsiniz. Rab'bin Gününü ihlal etmeden gerçek bir Şabat'ın tadına varabilirsiniz. O zaman her durum da Tanrı'nın isteğini bileceksiniz. Kutsal Ruh'un rehberliğinde ne yapacağınızı bilecek ve gerçekte yaşarak her zaman özgürlüğün tadına varacaksınız.

Tanrı sevgidir. Tanrı'nın çocukları O'nun buyruklarına itaat eder ve O'nu hoşnut eden şeyleri yaparsa, Tanrı'dan ne dilersek alırız (1. Yuhanna 3:21-22). Bizlere sadece lütufunu yağdırmakla kalmaz ama ayrıca bizleri kutsar ve böylece yaşamlarımızın her alanında refah ve başarı içinde olabiliriz. Yaşamlarımızın sonunda ise bizleri göklerde ki en iyi yaşam alanlarına taşır.

Bizler için gökleri hazırladı ki, tıpkı bir gelinle damadın birlikte sevgilerini paylaştıkları gibi bizlerde Rab'bimizle göklerde sonsuza dek sevgi ve mutluluğumuzu paylaşabilelim. Bu, Tanrı'nın bizler için ayırdığı gerçek Şabat'tır. Bu sebeple Şabat Gününü kutsal sayarak anımsarken, imanınızın olgunlaşması ve her geçen günle daha da büyümesi için dua ediyorum.

6. Bölüm

Beşinci Buyruk

"Annene babana saygı göster"

Mısır'dan Çıkış 20:12

"Annene babana saygı göster. Öyle ki, Tanrın RAB'bin sana vereceği ülkede ömrün uzun olsun."

Soğuk bir kış günü, Kore sokakları yıkıcı Kore Savaşından çeken mültecilerle doluyken, bir kadın doğuma hazırdı. Planladığı yere ulaşmak için kilometrelerce yolu vardı. Ama kasılmaları daha da güçlenip sıklaşınca dikkatle terk edilmiş bir köprünün altına tırmandı. Soğuk ve dondurucu toprağın üzerine uzanarak bir başına doğum yapmanın acılarına katlandı ve küçük bir bebeği dünyaya getirdi. Ve sonra üzeri kanla kaplanmış bebeği kendi giysileriyle sarıp göğsüne bastırdı.

Bir süre sonra köprünün yakınında geçmekte olan Amerikalı bir asker bebeğin ağlama sesini duydu. Sesi izleyerek köprünün alt kısmına tırmandı ve üstü kat kat giysilerle sarmalanmış ağlayan bir bebeğin yanında uzanan ölü ve donmuş kadını buldu. Tıpkı bu hikâyede olduğu gibi, ebeveynler çocukları için yaşamlarından bencillikten uzak kolayca vazgeçebilirler. Öyleyse Tanrı'nın bizlere koşulsuz sevgisi ne kadar daha fazladır.

"Annene Babana Saygı Göster"

"Annene babana saygı göster" demek, anne-babalarınızın isteğine itaat etmek ve onlara içten bir saygı ve nezaketle hizmet etmek anlamına gelir. Anne-babalarımız bizleri dünyaya getirdi ve yetiştirdi. Eğer onlar olmasaydı, bizlerde olmazdık. Tanrı, bu buyruğu On Buyruktan biri yapmamış olsaydı bile, iyi yürekli insanlar anne-babalarına yine de saygı göstereceklerdi.

Tanrı bizlere, "Annene banana saygı göster" diye buyurur çünkü Efesliler 6:1 ayetinde şöyle der: *"Ey çocuklar, Rab yolunda anne babanızın sözünü dinleyin. Çünkü doğrusu budur."* Tanrı'nın sözüne göre anne ve babalarımıza saygı göstermemizi arzular. Eğer anne-babalarınızı hoşnut etmek için Tanrı'nın sözüne itaatsizlik ederseniz, bu, gerçek anlamda anne-babalarınızı saydığınız anlamına gelmez.

Örneğin, Pazar günleri kiliseye gitmek üzereyseniz ve ebeveynleriniz size "Bu gün kiliseye gitme. Biraz ailece zaman zaman harcayalım" derse, ne yapardınız? Eğer anne-babalarınızı hoşnut etmek için onlara itaat ederseniz, bu, gerçek anlamda onlara saygı duyduğunuz anlamına gelmez. Şabat gününü çiğnemeniz ve anne-babalarınızla birlikte ebedi karanlığa doğru yol almanız demektir.

Eğer onlara benlikte itaat ve hizmet ediyorsanız, bu, ruhani anlamda ebedi cehennemin yolu olduğundan nasıl olur da anne-babalarınızı gerçekten sevdiğinizi söylersiniz. Önce Tanrı'nın isteğine göre hareket etmeli ve sonra anne-babalarınızın yüreklerini etkilemelisiniz; böylece birlikte göksel egemenliğe gidebilirsiniz. Bu, onları gerçek anlamda saymaktır.

2. Tarihler 15:16 ayetinde şöyle denir: *"Kral Asa annesi Maaka'nın kraliçeliğini elinden aldı. Çünkü o Aşera için iğrenç bir put yaptırmıştı. Asa bu iğrenç putu kesip parçaladıktan sonra Kidron Vadisi'nde yaktı."*

Eğer bir ulusun kraliçesi putlara tapınıyorsa, Tanrı'ya düşman durmakta ve ebedi mahkûmiyet yolunda ilerlemektedir. Sadece bununla da kalmaz ama ayrıca tebaasını da putlara tapındırarak tehlikeye atar ve kendisiyle birlikte aynı ebedi mahkûmiyete düşmelerine sebep olur. Bu yüzden Maaka, annesi olsa da, Asa, itaat ederek onu hoşnut etmeye çalışmadı ama aksine kraliçeliğini elinden aldı; böylece Tanrı'nın huzurunda yanlışlarından dolayı tövbe edebildi ve insanlar da uyanarak aynı şeyi yaptılar.

Kral Asa'nın annesinin kraliçeliğini elinden alması, bir oğul olarak görevlerini yerine getirmekten vazgeçmesi anlamını taşımaz. Annesine saygı duymaya ve onu onurlandırmaya devam etti.

"Anneme babama gerçekten saygı gösteriyorum" diyebilmemiz için, inanlı olmayan ebeveynlerimizin kurtuluşu almalarına ve göksel egemenliğe girmelerine yardım etmeliyiz. Eğer ebeveynlerimiz zaten inanlıysa, göksel egemenlikte ki en iyi yaşam alanına girmeleri için yardım etmeliyiz. Aynı zamanda Tanrı'nın gerçeğiyle bu dünya da yaşarken, olabildiğince çok onlara hizmet ve onları hoşnut etmeye çabalamalıyız.

Tanrı, Ruhlarımızın Babasıdır

"Annene babana saygı göster" demek, "Tanrı'nın buyruklarına

itaat et ve saygı duy" demekle aynı anlamı taşır. Eğer bir kişi yüreğinin derinliklerinde Tanrı'ya gerçekten saygı duyuyorsa, anne-babasına da duyar. Aynı şekilde eğer biri anne-babasına içtenlikle hizmet ediyorsa, aynı içtenlikle anne-babasına da edecektir. Ancak gerçeğin aslı şudur ki, iş önceliğe gelecekse Tanrı ilk olmalıdır.

Pek çok kültürde bir baba oğluna, "Doğu'ya git" derse, oğlu itaat ederek Doğu'ya gider. Ama eğer o anda büyükbaba, "Hayır, Doğu'ya gitme. Batı'ya git" derse, oğlun babaya dönüp, "Büyükbabam Batı'ya gitmemi söyledi" deyip Batı'ya gitmesi daha doğrudur.

Eğer oğlanın babası kendi babasına gerçekten saygı duyuyorsa, oğlu kendisinden ziyade büyükbabasını dinlendiği için kızmaz. Bir kişinin kuşak farkını göz önünde bulundurarak yaşlıların sözüne itaat etme davranışı, Tanrı'yla olan ilişkilerimiz içinde geçerlidir.

Tanrı, tek Yaratan ve babalarımıza, büyükbabalarımıza ve atalarımıza hayat verendir. Bir insan, yumurta ile spermin birleşmesinden meydana gelir. Ama insana yaşamın en temel tohumunu veren Tanrı'dır.

Görülen bedenlerimiz, yeryüzünde yaşadığımız bu kısa süre içersinde geçici çadırlardan başka bir şey değildir. Her birimizin gerçek efendisi olan Tanrı, bizlerde var olan ruhtur. İnsan ırkı ne kadar akıllı ve bilgili olsa da, hiç kimse bir insanın ruhunu klonlayamaz. Ve hatta insan ırkı, insan hücrelerini klonlayıp bir insan biçimini elde etse de, Tanrı o biçime ruh vermedikten sonra ona insan diyemeyiz.

Bu nedenle ruhlarımızın gerçek Babası Tanrı'dır. Bu gerçeği bilerek bu dünyada ki anne-babalarımıza hizmet etmek ve saygı duymak için elimizden gelenin en iyisi yapmalı ama Tanrı, yaşamın kaynağı ve bahşedeni olduğundan O'nu daha çok sevmeli ve O'na daha çok hizmet edip saymalıyız.

Bu sebeple bunu kavrayan anne-babalar asla, "Çocuğumu dünyaya ben getirdim. Onunla ilgili ne istiyorsam onu yaparım" şeklinde düşünmezler. Mezmurlar 127:3 ayetinde, *"Çocuklar RAB'bin verdiği bir armağandır, Rahmin ürünü bir ödüldür."* Yazıldığı gibi, imanlı anne-babalar, çocuklarının Tanrı tarafından verilen bir zenginlik olduğunu; kendilerinin değil ama Tanrı'nın isteğine göre yetiştirmeleri gereken paha biçilmez bir ruh olduğunu düşünürler.

Ruhlarımızın Babası Tanrı'ya Nasıl Saygı Duyarız

Öyleyse ruhlarımızın Babası Tanrı'ya saygı duymak için ne yapmalıyız?

Anne-babalarınıza gerçekten saygı duyuyorsanız, onlara itaat etmeli ve yüreklerine sevinç ve rahatlık getirmelisiniz. Aynı şekilde Tanrı'yı gerçekten saygıyla onurlandırmayı istiyorsanız, O'nu sevmeli ve Buyruklarına itaat etmelisiniz.

1. Yuhanna 5:3 ayetinde, *"Tanrı'yı sevmek O'nun buyruklarını yerine getirmek demektir. O'nun buyrukları da ağır değildir."* Yazıldığı gibi, eğer gerçekten Tanrı'yı seviyorsanız, O'nun buyruklarına itaat etmek sevinç vericidir.

Tanrı'nın buyrukları, Kutsal Kitap'ın altmış altı kitabında yazılı Tanrı sözünde mevcuttur. Bunlar, Tanrı'nın bizlere yapmamızı istediği "sevgi, bağışlama, barış yapma, hizmet etme ve dua etme" gibi sözlerle yapmamızı istemediği "nefret etme, suçlama, kibirlenme" gibi sözlerdir. Ayrıca Tanrı'nın hayatlarımızdan söküp atmamızı istediği "En ufak günahı bile söküp atın!" gibi sözlerle bizlerden tutmamızı istediği "Şabat gününü kutsal sayarak anımsa" gibi sözleri de vardır.

Ancak Kutsal Kitap'ta yazılan buyruklara göre davrandığımızda ve bir Hristiyan olarak güzel bir koku yaydığımızda, Baba Tanrı'yı gerçekten saygıyla onurlandırdığımızı söyleyebiliriz.

Tanrı'yı seven ve O'na saygı duyanların, kendi anne-babalarına da sevgi gösterip saygı duyduklarını görmek kolaydır. Çünkü Tanrı'nın buyrukları zaten ebeveynlerimize saygı duymayı ve kardeşlerimizi sevmeyi kapsar.

Bir şekilde evde ki anne-babalarınızı ihmal edip kilisenizde Tanrı'yı seviyor ve O'na hizmet için elinizden gelenin en iyisini mi yapıyorsunuz? Evinizde ailenize karşı kaba ve küstah olurken, kilise de kardeşlerinizin önünde alçakgönüllü ve cana yakın mı oluyorsunuz? Sözlerinin anlamsız olduğunu söyleyerek sizden yaşça büyük anne-babalarınıza hüsranınızı açığa vuran söz ve eylemlerinizle karşı mı geliyorsunuz?

Pek tabi ki kuşak, eğitim veya kültür farkından doğan ve birbirleriyle çakışan fikirlerin bazen ebeveynlerinizle aranıza girmesi doğaldır. Ama öncelikle anne-babalarımızın fikirlerine her zaman saygı duyup onurlandırmaya çabalamalıyız. Eğer fikirleri Kutsal Kitap'la zıtlaşmıyor ise, bizler doğru olsakta, onların fikirleri karşısında kendi fikirlerimizi geri plana atmalıyız.

Bunca zaman onların sevgisi ve fedakârlıkları sayesinde yaşayıp olgunlaştığımızı aklımızda tutarak asla onlara saygı duymayı unutmamalıyız. Bazıları, ebeveynlerinin kendilerine hiçbir şey yapmadığını hissederek onlara saygı duymakta zorlanır. Ama bazı anne-babalar, ebeveynler olarak sorumluluklarında sadık olmamışlar olsa da, bizleri hayata getirdikleri için onlara saygı duymanın basit bir insani nezaket olduğunu hatırlamalıyız.

Eğer Tanrı'yı Seviyorsanız, Ebeveynlerinize Saygı Duyun

Tanrı'yı sevmek ve ebeveynlerinize saygı göstermek bir arada yürür. 1. Yuhanna 4:20 şöyle der: *"Tanrı'yı seviyorum deyip de kardeşinden nefret eden yalancıdır. Çünkü gördüğü kardeşini sevmeyen, görmediği Tanrı'yı sevemez."*

Eğer biri Tanrı'yı sevdiğini iddia ediyor ama anne-babasını sevmiyor ve kardeşleriyle huzur içinde yaşamıyorsa, o kişi ikiyüzlüdür ve yalan söylüyordur. Bu sebeple Matta 15'in 4-9 ayetlerinde İsa'yı Ferisileri ve Yasa'nın öğretmenlerini azarlarken görürüz. Ataların geleneklerine göre Tanrı'ya sunularını verdikleri sürece, anne-babalarına vermek konusunda endişelenmelerine gerek yoktu.

Eğer biri Tanrı'ya verdiği için anne-babasına bir şey veremeyeceğini söylüyorsa, bu sadece Tanrı'nın "annene babana saygı duy" buyruğunu çiğnemekle kalmaz ama ayrıca Tanrı'yı bir bahane ve özür olarak kullanıyordur. Kendisini tatmin için anne-babasının hakkı olanı almak istemenin kötü bir yürekten geldiği aşikârdır. Yüreğinin derinliklerinden gerçekten Tanrı'yı seven ve O'na saygı duyan biri, anne-babasını da sever ve onlara saygı duyar.

Örneğin geçmişte anne-babasını sevmekte sorun yaşayan biri Tanrı'nın sevgisini daha fazla anlamaya başlayabilir ve böylece anne-babasının sevgisini de daha iyi anlamaya başlayabilir. Gerçeğe ne kadar yaklaşır, günahlarınızı ne kadar söküp atar ve Tanrı'nın sözüne göre yaşarsanız, o kadar çok yürekleriniz gerçek sevgiyle dolar ve daha çok anne-babanızı sevebilir ve onlara hizmet edebilirsiniz.

Beşinci Buyruğa İtaat Ederek Alacağınız Kutsamalar

Tanrı, Tanrı'yı seven ve anne-babalarına saygı gösterenlere bir vaatte bulundu. Bu vaat, Mısır'dan Çıkış 20:12 ayetlerindedir: *"Annene babana saygı göster. Öyle ki, Tanrın RAB'bin sana vereceği ülkede ömrün uzun olsun."* Bu ayet, anne-babalarınıza saygı gösterdiğiniz zaman çok uzun yaşamlar süreceğiniz anlamını taşımaz. Gerçeğin ışığında Tanrı'ya ve anne-babanıza ne kadar çok saygı gösterirseniz, Tanrı'da yaşamlarınızın tüm alanlarında sizi sırasıyla refah ve korumayla kutsayacaktır. "Uzun ömür", Tanrı'nın sizi, ailenizi, işinizi veya işyerinizi ani felaketlerden koruyacağı ve böylece yaşamlarınızın uzun ömürlü ve başarılı olacağı anlamına gelir.

Eski Ahit'ten Rut adında bir kadın böylesi bir kutsamayı almıştı. Rut, Moav'dan Yahudi olmayan bir kadındı ve onun içinde bulunduğu koşullara bakacak olursak, zor bir yaşam sürdüğünü söyleyebiliriz. Kıtlıktan kaçmak için İsrail'den ayrılan Yahudi bir adamla evlenmişti. Ama evlendikten kısa bir süre sonra kocasını kaybetti ve çocuksuz bir dul olarak kaldı.

Kayınpederi çoktan ölmüştü ve aileye bakacak tek bir adam yoktu. Hayatta kalan tek kişi kayınvalidesi Naomi ve görümcesi Orpa'ydı. Kayınvalidesi Naomi, Yahuda'ya dönmeye karar verdiğinde, Rut'da onun peşi sıra gitmeye karar verdi.

Naomi, genç gelininin kendisini bırakması, yeni ve mutlu bir yaşama yelken açması konusunda ikna etmeye çalıştıysa da, Rut ikna olmadı. Rut sonuna kadar dul kalmış olan kayınvalidesine bakmayı istedi ve böylece onun peşinden kendisine tamamen yabancı olan Yahuda topraklarına gitti. Kayınvalidesini sevdiği için gelini olarak görevlerini yerine getirmeyi istedi. Elinden geldiği sürece Naomi'ye bakmayı arzuladı. Bunu yapabilmek için ise, kendi için yeni ve mutlu bir yaşam bulma şansından vazgeçti.

Rut ayrıca kayınvalidesinin vesilesiyle İsrail'in Tanrı'sına iman etti. Onun dokunaklı tanıklığını Rut birinci bölüm 16-17 ayetlerinde görebiliriz.

> *Seni bırakıp geri dönmemi isteme! Sen nereye gidersen ben de oraya gideceğim, sen nerede kalırsan ben de orada kalacağım. Senin halkın benim halkım, senin Tanrın benim Tanrım olacak. Sen nerede ölürsen ben de orada öleceğim ve orada gömüleceğim. Eğer ölümden başka bir nedenle senden ayrılırsam, RAB bana daha kötüsünü yapsın.*

Tanrı bu sözleri duyduğunda, Yahudi olmamasına rağmen Rut'u kutsadı ve yaşamını gönenç kıldı. Ölen kocanın yakın bir akrabasıyla evlenilmesine izin veren Yahudi geleneğine göre, Rut, yeni ve mutlu bir yaşama iyi bir kocayla başlayabilir ve sevdiği kayınvalidesiyle tüm hayatı boyunca yaşayabilirdi.

Tüm bunlardan daha önemlisi, Rut'un soyundan Kral Davut gelmekle kalmadı ama ayrıca Kurtarıcı İsa Mesih'in soy ağacında da adı geçti. Rut, Tanrı'nın sevgisiyle kayınvalidesini saydığı için Tanrı'nın vaat ettiği gibi bolca fiziki ve ruhani anlamda kutsandı.

Tıpkı Rut gibi önce Tanrı'yı sevmeli ve sonra Tanrı'nın sevgisiyle anne-babalarımızı sevip onlara saygı duymalıyız. Böylece Tanrı'nın "RAB'bin sana vereceği ülkede ömrün uzun olsun" sözlerinde içerdiği tüm vaat edilen kutsamaları alabilirsiniz.

7. Bölüm
Altıncı Buyruk

"Adam öldürmeyeceksin"

Mısır'dan Çıkış 20:13

"Adam öldürmeyeceksin."

Bir peder olarak pek çok kilise üyesiyle iletişim içindeyim. Normal ayinler dışında dua etmeye geldiklerinde, tanıklıklarını paylaştıklarında ve ruhani teşvike ihtiyaç duyduklarında onlarla tanışırım. İmanda daha güçlü büyümeleri için onlara sıklıkla şu soruyu yöneltirim: "Tanrı'yı seviyor musunuz?"

İnsanların çoğunluğu emin bir şekilde, "Evet! Tanrı'yı seviyorum" diye cevaplar. Bu yanıtı verirler çünkü sıklıkla Tanrı'yı sevmenin gerçek ruhani anlamını anlamazlar. Bu yüzden onlarla, *"Tanrı'yı sevmek O'nun buyruklarını yerine getirmek demektir"* (1. Yuhanna 5:3) ayetini paylaşır ve Tanrı'yı sevmenin ruhani anlamını açıklarım. Ve daha sonra bu soruyu onlara sorduğumda, kendilerinden ilk seferden daha az emin yanıt verirler.

Tanrı'nın sözlerinin ruhani anlamını anlamak çok önemlidir. Aynı durum On Buyruk içinde geçerlidir. Öyleyse altıncı buyruğun taşıdığı ruhani önem nedir?

"Adam Öldürmeyeceksin"

Eğer Yaratılış'ın dördüncü bölümüne bakarsak, insan ırkının işlediği ilk cinayete tanık oluruz. Bu, Âdem'in büyük oğlu Kayin'in kendinden küçük kardeşi Habil'i öldürdüğü vakadır. Neden bu tip şeyler meydana gelir?

Habil, Tanrı'yı hoşnut eden sunusunu Tanrı'ya getirdi.

Kayin ise kendince doğru olduğuna inandığı ve en rahat olduğu şekilde Tanrı'ya sunusunu getirdi. Tanrı, Kayin'in sunusunu kabul etmediğinde, Kayin nerede hata yaptığını bulmak yerine kardeşini kıskandı; öfke ve kinle doldu.

Tanrı, Kayin'in yüreğini biliyordu ve defalarca Kayin'i uyardı. Ona şöyle dedi: *"doğru olanı yapmazsan, günah kapıda pusuya yatmış, seni bekliyor"* (Yaratılış 4:7). Ama Yaratılış 4:8 ayetlerinde, *"Tarlada birlikteyken kardeşine saldırıp onu öldürdü."* Yazıldığı gibi, Kayin yüreğinde ki öfkeyi kontrol edemedi ve geri dönüşü olmayan bir günah işledi.

"Tarlada birlikteyken" sözlerinden, Kayin'in kardeşiyle bir başlarına kalacakları anı beklediğini tahmin edebiliriz. Bu, Kayin'in kardeşini öldürmeye yüreğinde çoktan karar verdiği ve doğru zamanı beklediği anlamını taşır. Kayin'in öldürmesi bir kaza değildi. Bir anda eyleme dönüşen kontrol edilemez öfkesinin bir sonucuydu. Kayin'in cinayetini böylesine büyük bir günah haline sokan işte budur.

Kayin'in işlediği cinayetin ardından, insan ırkının tarihinde sayısız cinayet gerçekleşmiştir. Ve günümüzde dünya günaha batmış olduğundan, sayısız cinayet her gün işlenir. Suçluların ortalama yaşı düşmekte ve suçların tipleri gittikçe daha da korkunç bir hal almaktadır. Günümüzde en korkunç olanı ise, anne-babaların çocuklarını ya da çocukların anne-babalarını öldürdüğü vakaların artık şok edici olmamasıdır.

Fiziki Cinayet: Bir Başkasının Hayatını Almak

Yasal olarak iki tip cinayet vardır. Belli bir sebepten dolayı kasten adam öldürmenin yer aldığı birinci derece de cinayetle, kazayla adam öldürmenin yer aldığı ikinci derecede cinayet. Kötü niyet veya maddi kazanç ya da dikkatsiz araba kullanma nedeniyle gerçekleşen kazayla ölümün hepsi cinayet şekilleridir. Ancak günahın ağırlığı vakadan vakaya ve duruma göre değişir. Savaş meydanlarında kan dökmek ya da meşru müdafaa günah sayılmaz.

Kutsal Kitap'a göre bir hırsız bir eve girerken yakalanıp öldürülürse, bunu cinayetten saymaz. Ancak eğer hırsız gündüz vakti eve girer ve öldürülürse, aşırıya kaçmış bir kendini savunma olarak görülür ve öldüren kişi cezaya çarptırılır. Çünkü binlerce yıl önce Tanrı'nın yasaları verdiği zaman insanlar bir başka kişinin yardımıyla kolayca hırsızları kovalayabilir ve onları yakalayabilirdi.

Tanrı, bir başka kişinin kanının dökülmesine sebep olan aşırıya kaçmış müdafaayı böyle vakalarda bir günah olarak saymıştır çünkü Tanrı, insan haklarının ihlalini ve yaşam onurunu kötüye kullanmayı yasaklar. Bu, Tanrı'nın adil ve seven doğasını gösterir (Mısır'dan Çıkış 22:2-3).

İntihar ve Kürtaj

Yukarıda anılan cinayet tiplerinin yanı sıra "intihar" ın yer aldığı vakalarda vardır. 'İntihar', Tanrı'nın huzurunda kesinlikle 'cinayet' olarak görülür. Tanrı'nın tüm insanlar üzerinde hâkimiyeti vardır ve intihar, bu hâkimiyeti inkâr davranışıdır. Bu sebeple intihar büyük bir günahtır.

İnsanlar bu günahı, ölümden sonra bir yaşam olduğuna veya Tanrı'ya inanmadıkları için işlerler. Böylece Tanrı'ya inançsızlık günahının yanı sıra adam öldürme günahını da işlemiş olurlar. Onları nasıl bir yargının beklediğini hayal edin!

Günümüzde ki internet kullanıcılarının artmasıyla insanların web sitelerinin tahrikiyle intihar etmeleri sıklaşmıştır. Kore'de kırk yaşında ki insanların ölümünün birincil nedeni kanser ve ikinci nedeni ise intihardır. Bu, ciddi bir sosyal sorun haline gelmektedir. İnsanlar, kendi yaşamlarını sonlandırma yetkinliğine sahip olmadıklarını kavramalı ve sadece dünyada ki yaşamları sona erdi diye geride bıraktıkları sorunların çözülmediğini anlamalıdırlar.

Peki ya kürtajlar? Gerçeğin doğrusu şudur ki, ana rahminde ki bir çocuğun yaşamı Tanrı'nın hâkimiyeti altındadır ve kürtaj, cinayet kategorisine düşer.

Günahın pek çok insanın yaşamını kontrol ettiği günümüzde, ebeveynler günahtan saymayarak kürtaj yaptırırlar. Bir başka kişiyi öldürmek zaten korkunç bir günahken, insanın kendi çocuklarını öldürmesi ne denli daha büyük bir günahtır?

Fiziki cinayet aşikâr bir günahtır; dolayısıyla her ülke cinayetlere karşı katı kurallar getirmiştir. Ayrıca Tanrı'nın huzurunda da ölümcül bir günahtır ve düşman iblis, cinayet işlerin önüne her türlü sıkıntı ve sınamayı getirir. Sadece bu da değil; ölümden sonra onları sıkı bir yargı bekler. Bu sebeple hiç kimse adam öldürme günahını işlememelidir.

Ruha ve Cana Zarar Veren Ruhani Cinayet

Tanrı, fiziki cinayeti korkunç bir günah olarak görür. Ama ayrıca ruhani cinayeti de—ki, o da en az fiziki cinayet kadar korkunçtur— ölümcül bir günah olarak görür. Öyleyse ruhani cinayet nedir?

İlk olarak, ruhani cinayet bir kişinin sözleri veya eylemleriyle Tanrı'nın gerçeğine aykırı bir şey yapması ve karşısında ki kişinin imanda tökezlemesine sebep olmasıdır.

Başka bir inanlının tökezlemesine neden olmak, Tanrı'nın gerçeğinden o kişiyi uzaklaştırarak ruhuna zarar vermektir.

Genç bir inanlının danışmak için kilise liderlerinden birine gittiğini ve ona, "Önemli işlerimle ilgilenmek için Pazar ayinlerini kaçırmam da bir sakınca var mı?" diye sorduğunu farz edelim. Eğer bu lider, "Eğer işin çok önemliyse, tahminimce Pazar ayinini kaçırmanda bir sakınca yok" diye yanıtlarsa, genç inanlının tökezlemesine sebep olur.

Veyahut kilisenin hazinesinden sorumlu bir kişi, "Kişisel harcamalarım için kilisenin parasından biraz ödünç alabilir miyim? Birkaç gün içinde öderim" derse ve kilise lideri, "Geri ödeyeceğin sürece bir sorun yok" diye cevap verirse, bu lider, Tanrı'nın isteğine aykırı olan bir şeyi öğütlüyor ve bu sebeple inanlının ruhuna zarar veriyordur.

Veya küçük bir grubun lideri, "Günümüzde çok koşuşturma gerektiren bir dünya da yaşıyoruz. Nasıl daha sık bir araya gelebiliriz ki?" diyor ve çevresinde ki inananlara kilise toplantılarını ciddiye almamasını öğretiyorsa, Tanrı'nın gerçeğine aykırı şeyler öğretiyor ve inanlıların tökezlemesine neden oluyordur (İbraniler 10:25). *"Eğer kör köre kılavuzluk ederse, ikisi de çukura düşer"* (Matta 15:14) diye yazılmıştır.

Diğer inanlılara gerçek dışı bilgiler öğretmek ve onların Tanrı'nın gerçeğinden tökezleyerek uzaklaşmalarına sebep olmak, bir çeşit ruhani cinayettir. İnanlılara yanlış bilgiler vermek, hiçbir sebep yok iken onların sıkıntılar yaşamasına neden olur. Bu yüzden diğerlerine öğretmekle görevli kilise liderleri Tanrı'nın huzurunda kendilerini adayarak dua etmeli ve doğru bilgiler vermelidirler ya da Tanrı'dan çok daha net yanıtlar alabilecek başka bir lidere bu sorunları yöneltmeli ve olgunlaşmakta olan inanlıları doğru yola yöneltmelidirler.

Dahası bir kişinin söylememesi gereken bu şeyleri söylemek veya kötü sözler sarf etmek, ruhani cinayet kategorisine düşer. Başkalarını suçlayan veya yargılayan sözler söylemek, dedikoduyla Şeytan'ın havrasını meydana getirmek veya insanlar arasında itilaf yaratmak, bir başkasını nefret etmeye ve kötü davranışlarda bulunmaya yöneltmeye örneklerdir.

En kötüsü de Pederler gibi Tanrı'nın bir hizmetlisi ya da bir kilise hakkında dedikodular yaymaktır. Bu tür dedikodular pek çok insanın tökezlemesine neden olur. Bu nedenle bu dedikoduları yayanlar kesinlikle Tanrı'nın huzurunda yargılanacaklardır.

Bazı vakalarda ise insanların kendi ruhlarına kendi yüreklerinde ki kötülük yüzünden zarar verdiklerini görebiliriz. Bu tip insanlara örnek, İsa'yı—gerçekte hareket ediyor olmasına rağmen— öldürtmeye çabalayan Yahudiler veya otuz gümüş paraya Yahudilere satarak İsa'ya ihanet eden Yahuda İskariot'tur.

Eğer biri bir başkasının zayıflığını gördükten sonra tökezliyorsa, bu kişi kendisinde de kötülük olduğunu bilmelidir. İnsanların, bir önce ki davranışlarından sıyrılamamış imanda yeni doğmuş bir Hrıstiyana bakıp, "Bir de kendini Hrıstiyan mı sanıyor? Onun yüzünden kiliseye gitmeyeceğim" dediği vakalar vardır. Bu, kendilerinin tökezlemelerine sebebiyet veren vakalardır. Kimse buna neden olmamıştır. Aksine kendi kötülükleri ve yargılayan yürekleriyle kendi kendilerine zarar verirler.

Bazen ise, çok güçlü bir Hrıstiyan olduğuna inandıkları bir kişinin kendilerini hayal kırıklığına uğratması sebebiyle o kişinin gerçeğe aykırı hareket ettiğini iddia ederek insanların Tanrı'dan uzaklaştığı durumlar olur. Eğer bu kişiler sadece

Tanrı'ya ve Rab İsa Mesih'e odaklanmış olsalardı, ne tökezler ne de kurtuluş yolunu terk ederlerdi.

Örneğin insanların gerçekten güvendikleri ve saygı duyduklara kişilere kefil oldukları ama o ya da bu sebeple bir şeyin yolunda gitmeyip kefil olanın bu sebeple zorluklarla yüzleştiği durumlar vardır. Böyle bir durumda insanlar hayal kırıklığına uğrar ve gücenir. Böyle bir şeyin meydana gelmesi, imanlarının gerçek bir iman olmadığını onlara kanıtlar ve itaatsizlikleri için tövbe etmelidirler. Tanrı'ya itaatsizlik eden onlardır çünkü Tanrı bizlere özellikle el sıkışıp Başkasının borcuna kefil olmaktan kaçınmamızı söylemiştir (Özdeyişler 22:26).

Ve eğer gerçekten iyi bir yüreğe ve imana sahipseniz, bir başkasının zayıf düştüğünü gördüğünüzde, şefkatli bir yürekle o kişi için dua etmeli ve onun değişmesini beklemelisiniz.

Ek olarak bazı insanlar, Tanrı'nın mesajını dinledikten sonra gücenerek kendilerinin tökezlemelerine neden olan bir engel oluşturabilirler. Örneğin hiç onları aklına getirmemiş ve isimlerini bile zikretmemiş olmasına rağmen belli bir günahla ilgili vaaz veren pederi duyduklarında, "Peder benimle ilgili konuşuyor. Tüm bu insanların önünde bunu nasıl yapar?" gibi düşünürler. Ve kiliseyi terk ederler.

Veya peder, ondalıkların Tanrı'ya ait olduğunu ve Tanrı'nın ondalıkları verenleri kutsadığını söylediğinde, bazıları kilisenin paraya çok fazla önem verdiğinden yakınır. Peder, Tanrı'nın gücü ve mucizeleri hakkında konuştuğunda, "Bu bana hiç mantıklı gelmiyor" der ve verilen mesajların kendi bilgi ve eğitimleriyle uyuşmadığından şikayet ederler. Bunların hepsi, insanların kendi kendilerine gücenip yüreklerinde tökezlemelerine sebep olmalarına neden olan engelleri yaratmalarına örneklerdir.

İsa, Matta 11:6 ayetinde şöyle demiştir: *"Benden ötürü sendeleyip düşmeyene ne mutlu!"* ve Yuhanna 11:10 ayetinde şöyle demiştir: *"Oysa gece yürüyen sendeler. Çünkü kendisinde ışık yoktur."* Eğer bir kişinin iyi bir yüreği varsa ve gerçeği almayı arzuluyorsa, tökezlemez veya Tanrı'dan uzaklaşmaz çünkü ışık olan Tanrı sözü o kişiyle birliktedir. Eğer bir kişi tökezlemesine sebep olan engellerin etrafında dolanıyor veya bir şeyden dolayı güceniyorsa, bu hala o kişide karanlığın kaldığını kanıtlar.

Elbette ki bir kişi kolayca güceniyorsa, bu ya imanda ki zayıflığının ya da yüreğinde ki karanlığın bir göstergesidir. Bir başkasını gücendiren kişide eylemlerinden ayrıca sorumludur. Bir kişinin ilettiği mesaj mutlak gerçekte olsa, o mesajı karşısında ki kişinin iman seviyesine uygun bir şekilde akıllıca iletmelidir.

Kutsal Ruh'u henüz almış imanda yeni bir Hristiyan'a, "Kurtulmak istiyorsan, alkolü ve sigarayı bırakmalısın" veya "Pazar günleri dükkânını asla açmamalısın" ya da "Eğer dua etmeyi kesme günahını işlersen, kendinle Tanrı arasında günah duvarını örersin. Bu yüzden her gün kiliseye gelip dua etmelisin" demeniz, sütle beslenmekte olan bir bebeğe et yedirmeye benzer. Baskı altında itaat eden yeni imanlı bir Hristiyan, büyük bir ihtimalle, "Hristiyan olmak ne kadar zormuş!" diye düşünecek ve üzerlerinde külfet hissederek eninde sonunda imanda ki yürüyüşlerinden ayrılacaklardır.

Matta 18:7 şöyle der: *"İnsanı günaha düşüren tuzaklardan ötürü vay dünyanın haline! Böyle tuzakların olması kaçınılmazdır. Ama bu tuzaklara aracılık eden kişinin vay haline!"* Bir başkasının iyiliği için dahi olsa, birine bir şey söylerseniz ve bu söylediğiniz şey o kişinin gücenmesine veya Tanrı'dan uzak düşmesine neden oluyorsa, buna ruhani cinayet denir ve bu günahınızın bedelini ödemek için kaçınılmaz olarak bazı sınamalarla yüzleşeceksiniz.

Dolayısıyla eğer Tanrı'yı ve başkalarını seviyorsanız, söylediğiniz her söz üzerinde kontrol sahibi olmalısınız ki, dinleyen herkese lütuf ve kutsama vesilesi olsun. Birine gerçeğin ışığında öğretiyor olsanız da duyarlı olmaya çabalamalı ve söylediklerinizin o kişiye suçlanıyor hissi verip vermediğini; yüreğinde ağırlık bırakıp bırakmadığını veyahut bu öğretileri yaşamına uyguladığında ona umut ve güç verip vermediğini görmelisiniz ki, vaaz verdiğiniz her bir birey İsa Mesih'in yaşamında görkemli yolda yürüyebilsinler.

Kardeşinden Nefret Etmenin Ruhani Cinayeti

İkinci tip ruhani cinayet ise Mesih'te ki bir kardeşinizden nefret etmektir.

1. Yuhanna 3:15 ayetinde şöyle yazılmıştır: *"Kardeşinden nefret eden katildir. Hiçbir katilin sonsuz yaşama sahip olmadığını bilirsiniz."* Çünkü temel olarak cinayetin kökeni nefrettir. Önce bir kişi yüreğinde bir diğer kişiden nefret eder. Ama bu nefret büyüdükçe diğer kişiye karşı kötü bir eylemde bulunulmasına sebep olur. Ve sonunda bu nefret o kişinin cinayet işlemesine kadar gidebilir. Kayin'in vakasında da her şey Kayin'in kardeşi Habil'den nefretiyle başlamıştır.

Bu sebeple Matta 5:21-22 ayetlerinde şöyle denir: *"Atalarımıza, 'Adam öldürmeyeceksin. Öldüren yargılanacak' dendiğini duydunuz. Ama ben size diyorum ki, kardeşine öfkelenen herkes yargılanacaktır. Kim kardeşine aşağılayıcı bir söz söylerse, Yüksek Kurul'da yargılanacaktır. Kim kardeşine ahmak derse, cehennem ateşini hak edecektir."*

Bir kişi yüreğinde bir başkasına karşı nefret duyuyorsa, öfkesi o kişiyle kavga etmesine neden olabilir. Ve eğer nefret ettiği bu kişiye iyi bir şey olursa, kıskançlık duyar ve diğer kişiyi yargılayarak suçlar ve o kişinin zaafları hakkında dedikodu yayar. Onu aldatabilir ve ona zarar verebilir veya onunla düşman olur. Bir başka kişiden nefret etmek ve o kişiye karşı kötü davranmak, ruhani cinayete örneklerdir.

Tanrı henüz Kutsal Ruh'u yollamadığı Eski Ahit zamanlarında, insanların yüreklerinin sünnetini gerçekleştirmesi ve kutsal olmaları kolay değildi. Ama Yeni Ahit'in bu zamanında

Kutsal Ruh'u yüreklerimize alabiliriz ve Kutsal Ruh en derin günahkâr doğalarımızdan bile kurtulmamız için bize güç verir.

Üçlü Birlik'in bir parçası olarak Kutsal Ruh, Baba Tanrı'nın yüreğini bize öğreten detay odaklı bir anne gibidir. Kutsal Ruh bizlere günah, doğruluk ve yargılama konusunda öğretir ve böylece gerçekte yaşamamız için bizlere yardımcı olur. Bu nedenle en basit günahı bile söküp atabiliriz.

Yine bu nedenle Tanrı, biz çocuklarına sadece fiziki cinayeti asla işlemememizi söylemekle kalmaz, ama yüreklerimizden nefretin kökünü de söküp atmamızı söyler. Ancak tüm kötülüğü yüreklerimizden söküp attığımız ve sevgiyle doldurduğumuz zaman, gerçek anlamda Tanrı'nın sevgisi içinde yaşar ve O'nun sevgisinin kanıtının tadına varırız (1. Yuhanna 4:11-12).

Birini sevdiğimizde o kişinin yanlışlarını görmeyiz. Ve eğer bu kişinin bir zaafı var ise, ona karşı şefkat hisseder ve umut dolu bir yürekle değişmesi için destekler ve güç veririz. Hala günahkâr olduğumuz zamanlarda, Tanrı'da bu şekilde bize sevgisini vermiştir ki, kurtuluşa sahip olup göklere gidebilelim.

Dolayısıyla O'nun, "adam öldürmeyeceksin" buyruğuna itaat etmekle kalmamalı ama ayrıca tüm insanları Mesih'in sevgisiyle sevmeli—hatta düşmanlarımızı bile— ve her daim Tanrı'nın kutsamalarını almalıyız. Ve sonunda göklerde ki en güzel yere gireceğiz ve sonsuza dek Tanrı'nın sevgisinde yaşayacağız.

8. Bölüm

Yedinci Buyruk

"Zina etmeyeceksin"

Mısır'dan Çıkış 20:14

"Zina etmeyeceksin."

İtalya'nın güneyinde ki Vezüv Dağı sadece zaman zaman buhar bulutlarıyla kaplanan aktif bir volkandı, ama insanlar Pompei'nin o güzel manzarasını meydana getirdiğini düşünüyorlardı.

M.S. 79 yılının 24 Ağustos'u öğle sıralarında arazi üzerinde ki titremeler güçlendikçe, Vezüv Dağı'nın üzerine mantar misali bir bulut püskürdü ve Pompei semalarını sardı. Büyük bir patlamayla dağın tepesi çatırdayarak açıldı ve erimiş kayayla küller aşağıya doğru yağmaya başladı.

Dakikalar içinde sayısız insan ölürken hayatta kalanlara denize doğru koştular. Ama işte o zaman olabilecek en kötü şey oldu. Rüzgâr birdenbire yön değiştirdi ve denizin üzerinde esmeye başladı.

Denize koşarak hayatta kalan Pompeililer'i bir kez daha ısı ve toksik gaz yuttu ve hepsini boğdu.

Pompei, şehvet ve putperestliğin hüküm sürdüğü zevk ve sefayla dolu bir şehirdi. Onun son günleri bizlere Tanrı'nın ateşiyle yargılanan Kutsal Kitap'ta ki Sodom ve Gomorro şehirlerini hatırlatır. Bu şehirlerin akıbetleri, Tanrı'nın şehvetli yüreklerden ve putperestlikten ne kadar çok nefret ettiğinin en net göstergesidir. Bu, On Buyruk'ta net bir şekilde belirtilmiştir.

"Zina Etmeyeceksin"

Zina, eş olmayan erkek ve kadın arasında ki cinsel birleşmedir.

Çok uzun zaman önce zina son derece ahlaka aykırı bir hareket olarak kabul görürdü. Peki ya şimdi? Bilgisayar ve internetin gelişimiyle yetişkinlerin ve hatta çocukların hemen ellerinin altında şehvani malzemelere erişim mevcuttur. Günümüz toplumlarında cinsellikle ilgili etikler öylesine harap olmuştur ki, televizyonlarda ve hatta çocukların izlediği çizgi filmlerde bile cinsellik içeren müstehcen görüntüler verilmektedir. Ve cesurca vücudu teşhir etmek, hızla moda akımlarında yayılmaktadır. Bunun sonucunda cinsellikle ilgili yanlış anlamalar hızla yaygınlaşmaktadır.

Bu meselenin gerçeğini kavramak için "zina etmeyeceksin" diye buyuran yedinci buyruğun anlamını üç bölümde inceleyelim.

Eylemde Zina

İnsanların ahlaki değerleri, günümüzde dünden daha kötü bir haldedir. Pek çok kez sinema ve televizyonlarda zina, güzel bir sevgi şeklinde betimlenir. Ve şu günlerde evlenmemiş erkek ve kadınlar kolayca bedenlerini birbirlerine sunabilmekte ve evlilik öncesi cinselliği, "Sorun yok. Nasıl olsa ileride evleneceğiz" düşüncesiyle uygulamaktadırlar. Hatta evli çiftler bile açıkça eşleri olmayan kişilerle ilişki içinde olduklarını itiraf etmektedirler. Ve tüm bu meseleleri çok daha kötü kılan ise, cinsel ilişki yaşının gittikçe aşağılara düşmesidir.

Musa'ya On Buyruk'un verildiği zamanda ki yasalara bakacak olursanız, zina işleyen insanların çok ciddi bir şekilde cezalandırıldığını görürsünüz. Tanrı sevgi olsa da, zina kabul edilemez bir günahtır ve bu yüzden Tanrı net bir şekilde çizgiyi çizerek yasaklar. Levililer 20:10 ayeti şöyle der: *"Biri başka birinin karısıyla, yani komşusunun karısıyla zina ederse, hem kendisi, hem de zina ettiği kadın kesinlikle öldürülecektir."* Ve Yeni Ahit zamanlarında zina hem bedeni hem de ruhu mahveden ve zina işleyenin kurtuluşunu engelleyen bir günah sayılmıştır.

"Günahkârların, Tanrı Egemenliği'ni miras almayacağını bilmiyor musunuz? Aldanmayın! Ne fuhuş yapanlar Tanrı'nın Egemenliği'ni miras alacaktır, ne puta tapanlar, ne zina edenler, ne oğlanlar, ne oğlancılar, ne hırsızlar, ne açgözlüler, ne ayyaşlar, ne sövücüler, ne de soyguncular" (1. Korintliler 6:9-10).

Eğer yeni inanlı biri gerçekle ilgili cehaleti yüzünden böyle bir günahı işlerse, Tanrı'nın lütufunu alarak günahlarından tövbe etme fırsatını kazanabilir. Ama Tanrı'nın gerçeğinin farkında olan ruhani anlamda olgun kabul edilen bir inanlı böyle bir günahı işlemeye devam ederse, o kişinin tövbe ruhunu alması bile çok zordur.

Levililer 20:13-16 ayetleri, hayvanlarla ilişki kurmak ve

homoseksüel ilişkiler yaşamak günahları hakkında yazar. Günümüz devrinde homoseksüel ilişkileri yasal olarak kabul eden ülkeler vardır. Ancak bu, Tanrı'nın gözünde tiksinti uyandırıcıdır. Bazıları, "zaman değişti" diyebilirler. Ancak zaman ne kadar çok geçerse geçsin ve dünya ne kadar çok değişirse değişsin, gerçek olan Tanrı'nın sözü asla değişmez. Dolayısıyla eğer biri Tanrı'nın çocuğuysa, bu dünyanın eğilimleriyle kendisini kirletmemelidir.

Akılda Zina

Tanrı, zina hakkında konuşurken salt eylemde gerçekleştirilen zinadan bahsetmez. Dışa dönük zina işleme, net bir zina vakasıdır. Ama hayal kurarak veya ahlaksız şeyleri seyrederek zevk almakta ayrıca zina kategorisi altında yer alır.

Şehvani düşünceler, bir kişinin şehvani bir yüreğe sahip olmasına neden olur ve bu da yürekte zina işleme vakasıdır. Bir kişi fiziki bir eylemde bulunmamış olsa da; örneğin bir kadını görüp yüreğinde zina işlerse, insanların yüreklerinin merkezine bakan Tanrı, bunu fiziki zinayla eşdeğer tutar.

Matta 5:27-28 ayetlerinde şöyle denir: *"'Zina etmeyeceksin' dendiğini duydunuz. Ama ben size diyorum ki, bir kadına şehvetle bakan her adam, yüreğinde o kadınla zina etmiş olur."* Günahkâr bir düşünce bir insanın aklına girerse, onun yüreğini etkiler ve sonra eylemlerle kendini gösterir. Ancak nefret bir insanın yüreğine girdiğinde, o insan bir başkasına zarar getirecek işler yapmaya başlar. Ve ancak öfke, bir insanın yüreğinde yoğunlaşırsa o kişi öfkelenir ve lanet okur.

Aynı şekilde bir kişi yüreğinde şehvani hisler besliyorsa, kolayca zina eylemini gerçekleştirecektir. Gerçekleştirmiyorsa bile eğer yüreğinde bu günahı işlemişse, zina zaten işlemiş sayılır çünkü bu günahın kökü birdir.

Seminer okulunda ki ilk senemdi ve bir gün bir grup pederin konuşması karşısında şaşkınlık içinde kaldım. O ana dek her zaman pederleri sevip saymıştım ve Rab'be davranacağım gibi onlara davranmıştım. Ama çok kızgın bir tartışmanın sonunda "kasıtlı olmadığı sürece yürekte zina işlemek bir günah değildir" sonucuna vardılar.

Tanrı, "zina etmeyeceksin" buyruğunu, o buyruğa uyabileceğimizi bilerek bizlere vermedi mi? İsa, "Ama ben size diyorum ki, bir kadına şehvetle bakan her adam, yüreğinde o kadınla zina etmiş olur" dediğinden, bu şehvani arzuları kesip atmalıyız. Söylenecek daha fazla bir söze gerek yoktur. Evet, bunu kendi insani gücümüzle yapabilmek zor olabilir ama dua ve oruçla yüreklerimizden şehveti kolaylıkla atabileceğimiz gücü Tanrı'dan alabiliriz.

İsa; dikenlerden yapılmış taç giydi ve bizlerin düşüncelerinde işlediği günahları temizlemek için kanını döktü. Tanrı bizlere Kutsal Ruh'u gönderdi ki, bizlerde yüreklerimizde ki günahkâr doğayı söküp atabilelim. Öyleyse yüreklerimizden şehvani hisleri söküp atabilmek için özellikle neler yapabiliriz?

Yüreklerimizden Şehvani Hisleri Söküp Atmanın Evreleri

Örneğin güzel bir kadının veya yakışıklı bir adamın önünüzden geçtiğini ve sizinde "Vay' Ne güzel!" veya "Çok yakışıklı!" ya da "Onunla çıkmak isterdim" diye düşündüğünüzü varsayalım. İnsanların pek çoğu bu düşüncelerin şehvani ya da zina eğilimli olduğunu düşünmezler. Ama eğer bir kişi böyle kelimeler sarf ediyor ve gerçekten de bunları niyet ediyorsa, bu bir şehvet göstergesidir. Şehvetin bu izlerini söküp atabilmek için, şevkle bu günahla savaşma sürecinden geçmek zorundayız.

Normal olarak bir şeyi düşünmemek için ne kadar çok çaba gösterirseniz, o şey o kadar çok aklınızda kalır. Bir sinema da bir erkekle kadının ahlaksız bir görüntüsünü gördükten sonra, o görüntü aklınızdan çıkmaz. Aksine o görüntü aklınızda tekrar tekrar belirir. Görüntünün yüreğinizi etkileme gücüne bağlı olarak hafızanızda o kadar uzun kalır.

Öyleyse bu tür şehvani düşünceleri aklımızdan söküp atmak için neler yapmalıyız? Öncelikle şehvani düşüncelere itici aklımızı çelen oyunlardan, dergilerden ve bu tip şeylerden kaçınmak için çaba göstermeliyiz. Ve aklımıza şehvani bir düşünce girdiği zaman, düşüncelerimizin yönünü değiştirmeliyiz. Diyelim ki kafanızda şehvani bir düşünce beliriverdi. O düşüncenin gelişmesine izin vermek yerine, o düşünceyi hemen durdurmaya çabalamalısınız.

Ve bu düşünceleri iyi, gerçek ve Tanrı'yı hoşnut eden düşüncelerle değiştirmeye başlar, sürekli dua ederek Tanrı'dan yardım dilerseniz, bu tür akıl çelmelerle savaşmanız için size muhakkak güç verecektir. İstekli olduğunuz ve tutkuyla dua ettiğiniz sürece Tanrı'nın lütuf ve gücü üzerine gelecektir. Ve Kutsal Ruh'un yardımıyla bu günahkâr düşünceleri kesip atabileceksiniz.

Ancak burada hatırlanılması gereken önemli şey bir ya da iki denemeden sonra vazgeçmemektedir. Sonuna kadar imanla dua etmeye devam etmelisiniz. Bir ay, bir sene, hatta ikiyle üç sene bile sürebilir. Ama ne kadar uzun olursa olsun her zaman Tanrı'ya güvenmeli ve dua etmeye devam etmeliyiz. Böylece Tanrı bir gün yüreklerinizde ki şehveti tamamıyla yenilgiye uğratmanız ve söküp atmanız için size gücü verecektir.

"Yanlış Düşünceleri Durdurma" safhasını geçtikten sonra "Yüreğinizi Kontrol Etme" safhasına gireceksiniz. Bu safha da şehvani bir imge görseniz bile "Bunu düşünmesem iyi ederim" diye yürekten bir karar verirseniz, o düşünce bir daha aklınıza gelmez. Yürekte ki zina, düşünce ve duyguların birleşimi yoluyla meydana gelir. Eğer düşüncelerinizi kontrol edebilirseniz, bu düşüncelerden doğan günahların yüreğinize girme şansı olmaz.

Sonra ki safha ise artık "Uygunsuz Düşüncelerin Oluşmaması" safhasıdır. Şehvani bir imge görseniz bile aklınız bundan etkilenmez ve dolayısıyla şehvet yüreğinize girmez. Bir sonra ki safha ise "Kasten Bile Uygunsuz Düşüncelere Sahip Olunmaması" safhasıdır.

Bir kez bu safhaya geldiğinizde şehvani düşünceleri aklınıza sokmaya çalışsanız bile gerçekleşmez. Çünkü bu günahı köklerinden çekip atmış olduğunuzdan şehveti kışkırtan bir imge görseniz bile bununla ilgili düşünce ve duygular içinde olmazsınız. Bunun anlamı, gerçeğe aykırı- veya Tanrı'dan uzakimgelerin artık aklınıza girmediğidir.

Elbette ki bu günahı söküp atma safhalarından geçerken her şeyi söküp attığınızı düşündüğünüz ama günahın gerisin geriye size sokulduğu zamanlar olabilir.

Fakat eğer Tanrı'nın sözlerine inanıyor, O'nun buyruklarına itaat etmeye ve günahlarınızı söküp atmaya arzu duyuyorsanız, imanda ki yürüyüşünüzde tembelleşmezsiniz. Bu işlem tıpkı soğanın kabuklarını soymaya benzer. Bir ve ikinci kabukları soyduğunuzda, bunun sonu gelmeyecek gibi görünür. Ancak birkaç kabuktan sonra soğanın tüm kabuklarını soyduğunuzun farkına varırsınız.

İmanla kendilerine bakan inanlılar, "Çok denedim ama hala bu günahkâr doğayı söküp atabilmiş değilim" diye düşünerek hayal kırıklığına uğramazlar. Aksine günahlarını söküp atabildikleri ölçüde değişeceklerine iman etmelidirler.

Ve akıllarında bu olarak daha fazla gayret göstermelidirler. Eğer kendinizde hala günahkâr doğanın mevcut olduğunu fark ediyorsanız, onu söküp atabilecek fırsata sahip olduğunuz için şükran duymalısınız.

Eğer yaşamınızdan şehveti söküp atma sürecinde şehvani bir düşünce bir saniyeliğine aklınıza girerse, rahatsız olmayın. Tanrı bunu zina işlemek olarak görmez. Eğer bu düşünce içinde dalar gider ve daha da ilerlemesine izin verirseniz, o zaman büyük bir günah olur. Fakat hemen tövbe eder ve kutsallaşmak için verdiğiniz çabalara devam ederseniz, Tanrı size lütufla bakar ve bu günaha galip gelmeniz için size gücü verir.

Ruhani Zina İşlemek

Bedenle zina işlemek, benlikte zina işlemek olarak tercüme edilir. Ama fiziki zinayı işlemekten çok daha ciddi olan şey, ruhani zina işlemektir. "Ruhani zina", bir kişinin inanlı olduğunu iddia ettiği ama dünyayı Tanrı'dan daha çok sevdiği durumdur. Eğer düşünürseniz, bir insanın fiziki zina işlemesinin temel nedeninde, yüreğinde Tanrı için hissettiği sevgiden ziyade benliğin zevklerine duyduğu büyük sevgi vardır.

Koloseliler 3:5-6 şöyle der: *"Bu nedenle bedenin dünyasal eğilimlerini fuhşu, pisliği, şehveti, kötü arzuları ve putperestlikle eş olan açgözlülüğü öldürün. Bunlar yüzünden*

Tanrı'nın gazabı söz dinlemeyenlerin üzerine geliyor." Bunun anlamı şudur: Kutsal Ruh'u alsak, Tanrı'nın mucizelerini deneyim etsek ve iman sahibi olsak bile, yüreklerimizden açgözlülüğü ve yersiz arzuları söküp atmıyorsak, dünyevi şeyleri Tanrı'dan daha çok sevmeye yatkınızdır.

İkinci buyruktan putperestliğin ruhani açıklamasının bir şeyi Tanrı'dan çok daha fazla sevmek olduğunu öğrendik. Öyleyse "ruhani putperestlik" ile "ruhani zina" arasında ki fark nedir?

Putperestlik, Tanrı'yı bilmeyen insanların bir tür imge yaratıp ona tapınmasıdır. "Ruhani putperestliğin" ruhani açıklaması, zayıf imanlı kimselerin dünyevi şeyleri Tanrı'dan daha fazla sevmeleridir.

Zayıf imanları olan yeni inanlıların dünyayı Tanrı'dan daha fazla sevmeleri mümkündür. "Tanrı gerçekten var mı?" veya "Göksel egemenlikle cehennem gerçekten var mı?" gibi soruları olabilir. Hala kuşkuları olduğundan söze göre yaşamaları onlar için zordur. Hala parayı, ünü veya ailelerini Tanrı'dan daha fazla seviyor olabilir ve bu yüzden ruhani putperestlik işleyebilirler.

Ancak sözü daha çok dinledikçe ve dua edip Tanrı'nın dualarını yanıtladığını deneyim ettikçe, Kutsal Kitap'ın gerçek olduğunu kavrarlar. Ve o zaman göksel egemenlikle cehennemin gerçekten var olduğuna inanabilirler. Arkasından da neden önce ve her şeyden çok Tanrı'yı gerçekten sevmeye ihtiyaçları olduğunu kavrarlar. İmanları böyle büyürse ve hala dünyevi şeyleri sever ve onların peşinden giderlerse, "ruhani zina" işliyorlardır.

"Şu kadınla evlenmek hoş olurdu" gibi sıradan bir düşüncesi olan bir adam olduğunu ve bu kadının bir başkasıyla evli olduğunu varsayalım. Böyle bir durumda kadının zina işlediğini söyleyemeyiz. Bu, dilekte bulunan adamın salt tutkusu olduğundan ve kadının bu adamla hiçbir ilişkisi olmadığından, kadının zina işlediğini söyleyemeyiz. Daha kesin konuşacak olursak, bu kadın o adamın yüreğinde sadece bir puttur.

Ama aksi olsaydı ve her ikisi birbirleriyle çıksaydı, birbirlerine aşklarını ilan etseydi ve evlenseydi ve sonra bu kadın bir başka erkekle ahlaksız bir ilişkiye girseydi, işte bu zina olurdu. Görüyorsunuz ki, ruhani zina işlemekle ruhani putperestlik birbirine çok benzemekte ama birbirlerinden çok farklı iki şeydir.

İsrailliler ile Tanrı Arasında ki İlişki

Kutsal Kitap, İsrailliler ile Tanrı arasında ki ilişkiyi bir babayla çocukları arasında ki ilişkiyle kıyaslar. Bu ilişki ayrıca eşler arasında ki ilişkiyle de kıyaslanır çünkü eşler birbirleriyle sevgi antlaşması yaparlar. Ancak İsrail'in tarihine bakarsanız, İsraillilerin bu antlaşmayı pek çok kez unuttuğunu ve yabancı ilahlara tapındıklarını görürsünüz.

Yabancı uluslar putlara tapınıyordu çünkü Tanrı'yı bilmiyorlardı. Ama İsrailliler, Tanrı'yı en baştan gayet iyi bilmelerine rağmen bencil arzularının peşi sıra yabancı putlara tapındılar.

Bu nedenle 1. Tarihler 5:25 şöyle der: *"Ne var ki atalarının Tanrısı'na bağlı kalmadılar. Tanrı'ya ihanet ederek önlerinden yok ettiği ulusların ilahlarına yöneldiler."* Yani, İsraillilerin putperestliği aslında ruhani zinaydı.

Yeremya 3:8 ayeti şöyle der: *"Fahişeliği yüzünden dönek İsrail'i boşayıp ona boşanma belgesini verdiğim halde, kızkardeşi hain Yahuda'nın hiç korkmadığını, gidip fahişelik ettiğini gördüm."* Süleyman'ın günahı yüzünden oğlu Rehavam'ın krallığı döneminde, İsrail, Kuzey İsrail ve Güney Yahuda olarak ikiye ayrıldı. Bu bölünmenin hemen sonrasında Kuzey İsrail putlara tapınarak ruhani zina işledi ve bunun sonucunda Tanrı tarafından terk edilip O'nun gazabıyla yok edildiler. Ve Güney Yahuda, Kuzey İsrail'in başına gelenleri görmesine rağmen tövbe etmek yerine putlara tapınmaya devam etti.

Yeni Ahit zamanı olan bu gün yaşamakta olan Tanrı'nın tüm çocukları, İsa Mesih'in gelinleridir. Bu yüzden elçi Pavlus, iş Rab ile karşılaşmaya geldiğinde, Mesih'in el değmemiş gelinleri olarak inanlıları hazırlamak için çok çalıştığını söylemiştir (2. Korintliler 11:2).

Dolayısıyla bir inanlı, dünyayı severken ve gerçekten uzak yaşarken Rab'bi "Güveyim" diye çağırıyorsa, ruhani zina işliyordur (Yakup 4:4). Eğer eşlerden biri diğeri aldatır ve zina işlerse, bağışlanması zor olan korkunç bir günahtır. Eğer biri Tanrı'yı ve Rab'bi aldatır ve ruhani zina işlerse, günahın korkunçluğu ne kadar daha büyük olacaktır? Yeremya 11. bölümde Tanrı'nın, İsrailliler ruhani zina işlemekten vazgeçmediği için Yeremya'ya onlar için dua etmemesini söylediğini görürüz. Hatta İsrailliler Kendisine yakarsa bile onları dinlemeyeceğini söyler Tanrı.

Dolayısıyla eğer ruhani zinanın şiddeti belli bir noktaya erişirse, onu işleyen kişi Kutsal Ruh'un sesini duyamaz. Ve ne kadar çok dua ederse etsin, duaları kabul bulmaz. Bir kişi Tanrı'dan ne kadar çok uzaklaşırsa o kadar dünyevi olur ve sonunda ölüme götüren – fiziki zina gibi – ciddi günahları işler. İbraniler 6. ve 10. bölümlerde yazıldığı gibi, bu, İsa Mesih'i sil baştan tekrar çarmıha germek gibidir ve dolayısıyla ölüm yoluna doğru ilerlemektir.

Bu yüzden ruhta, akılda veya bedende zina işleme günahını söküp atarak ve kutsal davranışlarla Rab'bin gelinleri—kusursuz ve lekesiz—olabilme yetkinliğini elde ederek, Baba'mızın yüreğine sevinç veren kutsanmış yaşamlar sürdürelim.

9. Bölüm

Sekizinci Buyruk

"Çalmayacaksın"

Mısır'dan Çıkış 20:15

"Çalmayacaksın."

On Buyruğa itaat doğrudan kurtuluşumuzu ve düşman iblis ve Şeytan'a galip gelme, onlara fethetme ve hükmetme yeteneğimizi etkiler. İsraillilerin On Buyruk'a itaat etmesi ya da etmemesi, onların Tanrı'nın seçilmiş halkı olması ya da olmamasına karar veren etkendi.

Aynı şekilde bizlerin Tanrı'nın çocukları olmasını ve kurtulmasını, Tanrı'nın sözlerine itaat edip etmemizi belirler. Çünkü Tanrı'nın buyruklarına olan itaatimiz, imanımız için bir derece oluşturur. Dolayısıyla On Buyruk'a itaat, kurtuluşumuzla bağlantılıdır ve bu buyruklar ayrıca Tanrı'nın bizler için olan sevgisinin ve kutsamalarının koşullarıdır.

"Çalmayacaksın."

"İğne hırsızı, öküz hırsızı olur" diye eski bir Kore deyişi vardır. Anlamı; küçük bir suç işleyen cezalandırılmaz ve bu tür davranışları yapmaya devam ederse, kısa zamanda sonuçları çok daha büyük ve olumsuz olan çok daha ciddi suçlar işleyebilir. Bu sebeple Tanrı, "Çalmayacaksın" diye bizleri uyarır.

Çin'in Chunqiu (İlkbahar ve sonbahar) dönemiyle savaşan devletler döneminde, Konfüçyüs'ün öğrencilerinden biri ve Lu beyliğinde Tan-fu'nun komutanı olan Fu-Pu-ch'i adında bir adamın hikâyesine benzer. Komşu beylik Qi'nin askerlerinin saldırmak üzere olduklarıyla ilgili haberler geliyordu ve Fu Pu-ch'i krallığın tüm surlarının sıkıca kapatılmasını emretti. Hasat zamanıydı ve çiftçilerin tarlalarında ki ürünler hasada hazırdı. İnsanlar, "surları kapatmadan önce tarlalarda ki ürünlerin hasadını düşmanlar varmadan önce alabilir miyiz?" diye sordular. Fu Pu-ch'i onların ricasına hiç aldırmadan surları kapattı. Bunun üzerine insanlar, Fu Pu-ch'i'ye kin duyarak düşmanları kayırdığını iddia ettiler ve böylece soruşturma için kralın huzuruna çağrıldı. Kral, eylemlerinden dolayı onu sorguladığında Fu Pu-ch'i şöyle yanıtladı: "Evet, eğer düşmanlar tüm ürünlerimizi alırsa bizim için büyük bir kayıp olur. Ancak insanlarımız telaş içinde kendilerine ait olmayan ürünleri toplama alışkanlığına başlarlarsa, onları bu alışkanlıklarından koparmak on sene sonra daha da zorlaşır." Bu ifadesiyle Fu Pu-ch'i, kralın büyük saygı ve hayranlığını kazandı.

Fu Pu-ch'i, diledikleri gibi ürünlerin hasadını almalarına izin verebilirdi ama bir başkasının tarlasından çalma eylemlerine kılıf bulmayı öğrendikleri takdirde, uzun vadeli sonuçları onlara ve krallığa çok daha zarar getirirdi. Dolayısıyla "çalmak"; yanlış bir motivasyonla bir şeyi hatalı bir şekilde idare etmek ya da kendilerine ait olmayan bir şeyi almak veya başkasına ait mülkü gizlice ele geçirmektir.

Ancak Tanrı'nın bahsettiği "çalma"nın çok daha derin ve kapsamlı ruhani bir anlamı da vardır. Öyleyse sekizinci buyrukta ki "çalma"nın kapsamı nedir?

Bir Başkasına Ait Şeyleri Almak: Çalmanın Fiziki Açıklaması

Kutsal Kitap çalmayı özellikle yasaklar ve hırsızlık yapan birine neler yapılacağıyla ilgili belli kuralları çizer (Mısır'dan Çıkış 22).

Eğer çalınan bir hayvan hırsızın elinde sağ yakalanırsa, hırsız iki katıyla ödeyecektir. Eğer çaldığı hayvanı boğazlar ve satarsa, bir öküze karşılık beş öküz, bir koyuna karşılık dört koyun ödeyecektir. Çalınan şey ne kadar küçük olursa olsun bir başkasına ait bir şeyi almak, çalmaktır ve hepsi için belli cezalar vardır.

Aşikâr hırsızlık vakalarının yanı sıra, insanların ihmalkârlığı yüzünden çaldığı vakalar vardır. Örneğin, günlük yaşantılarımızda başkalarına ait şeyleri sormadan ve hiç düşünmeden kullanma alışkanlığı içinde olabiliriz. Hatta izin almadan kullandığımız için suçlu bile hissetmeyebiliriz çünkü bu kişiye ya çok yakınızdır ya da kullandığımız eşyası çok değerli değildir.

Aynı şey eşlerimize ait şeyleri izinsiz kullandığımız zamanlarda da geçerlidir. Kaçınılmaz durumlarda bile eğer bir başkasına ait bir şeyi kullanmak zorunda kaldıysak, o şeyle işimiz biter bitmez geri iade etmeliyiz. Ancak çoğu zaman iade bile etmeyiz.

Bu, bir başka kişinin sadece kaybına yol açmaz, ama ayrıca o kişiye karşı yapılmış bir saygısızlıktır. Toplum yasalarına göre ciddi bir suç sayılmamasına rağmen, Tanrı'nın gözünde çalmaktır. Gerçekten temiz vicdanı sahip olan biri, birinden bir şeyi izinsiz alırsa – ne kadar küçük ve değersiz olursa olsun – kendini suçlu hisseder.

Çalmış olmasak veya zorla birine ait bir şeyi almış olmasak bile eğer o kişiye ait şeyleri uygunsuz şekilde edinmiş isek, bu, çalmadır. Bir kişinin kendi konum veya gücünü kullanarak rüşvet alması da bu kategoriye düşer. Mısır'dan Çıkış 23:8 ayeti şu uyarıda bulunur: *"Rüşvet almayacaksınız. Çünkü rüşvet göreni kör eder, haklıyı haksız çıkarır."*

İyi yürekli bayiler, kendileri için çok daha fazla kar elde etmek için müşterilerine fazla fiyat biçmekten suçluluk duyarlar. Birine ait bir şeyi gizlice çalmamış olsalar da, bu davranış yinede hırsızlık sayılır çünkü kendilerine ait adil paydan fazlasını almışlardır.

Ruhani Hırsızlık: Tanrı'ya Ait Olanı Alma

Başkasına ait bir şeyin izinsiz alındığı hırsızlığın yanı sıra Tanrı'dan izinsiz alınan "ruhani hırsızlık" da vardır. Böyle bir durum bir kişinin kurtuluşunu etkiler.

İsa'nın öğrencilerinden biri olan Yahuda İskariot, şifa bulduktan veya İsa tarafından kutsandıktan sonra insanların verdiği sunuların yönetiminden sorumluydu. Ama zamanla açgözlülük yüreğine girdi ve çalmaya başladı (Yuhanna 12:6).

İsa'nın Beytanya'da Şimon'un evini ziyaret ettiği Yuhanna 12. bölümde bir kadın gelerek İsa'nın üzerine saf hintsümbülü yağı döktü. Bunu gören Yahuda, kadını azarlayarak bu yağın satılıp neden yoksullara verilmediğini sordu. Eğer bu pahalı yağ satılmış olsaydı, para torbasını muhafaza eden kendisi bu paradan kendisine ayırabilecekti. Fakat İsa'nın ayaklarına döküldüğünden böylesi karlı bir ürünün harcandığını hissetti.

Sonunda paranın kölesi olan Yahuda, İsa'yı otuz gümüş paraya sattı. İsa'nın bir öğrencisi olarak görkeme sahip olma fırsatına sahip olsa da Tanrı'dan çalmayı yeğledi ve öğretmenini satarak günahlarını biriktirdi. Kendi yaşamını almadan ve sefil sonuyla karşılaşmadan evvel tövbe ruhunu ne yazık ki alamadı (Elçilerin İşleri 1:18).

Bu nedenle Tanrı'dan çalındığı takdirde neler olacağına çok daha yakından bakmaya ihtiyacımız vardır.

İlk Vaka, Bir Kişinin Elini Kilise Hazinesine Koymasıdır.

Eğer hırsız kiliseden çalıyorsa, inanlı olmasa da yüreğinde bir çeşit korku hissedecektir. Ama Tanrı'nın parasına elini koyan bir inanlıysa, nasıl olurda kurtuluşu alacağı imana sahip olduğunu söyleyebilir?

İnsanlar hiç bilmese bile Tanrı her şeyi bilir ve zamanı geldiğinde adil yargılamasını yapacak ve hırsızda günahının bedelini ödeyecektir. Bir hırsızın günahlarından tövbe edemeden ve kurtuluşa nail olamadan ölmesi nasıl korkunç bir sondur? O vakit ne kadar çok dövünse ve eylemlerinden pişmanlık duysa da artık çok geçtir. En baştan Tanrı'nın parasına dokunmamalıydı.

İkinci Vaka, Bir Kişinin Kiliseye Ait Malları ve Parayı Kötüye Kullanmasıdır.

Bir kişi doğrudan çalmış olsa bile misyonerlik gruplarından toplanan üyelik ücretlerini ve diğer bağışları kendi kişisel ihtiyacı için kullanıyorsa, bu da Tanrı'dan çalmaktır. Bir kişinin ofis ihtiyaçları ve kırtasiyesini kilise parasıyla alıp kendi kişisel ihtiyaçları için kullanması da çalmaktır.

Kilise erzaklarını harcamak, sarf malzemeleri satın almak için kilise sermayesini kullanmak, kullanılmayanları değiştirip kiliseye iade etmek yerine başka amaçlar için kullanmak veya kilise telefonunu, elektriğini, ekipmanlarını, mobilyasını ve diğerlerini kendi kişisel ihtiyaçları için kullanmak hep kilise parasını kötüye kullanma biçimleridir.

Ayrıca çocukların ondalık zarflarını, kilise bülten ya da gazetelerini, oyun ve eğlence için kırıştırmamasına veya yırtmamasına dikkat etmeliyiz. Bazıları bunların küçük ve önemsiz suçlar olduğunu düşünebilir ama ruhani açıdan bu Tanrı'dan çalmaktır ve bu eylemler Tanrı ile aramızda günah bariyerleri örebilir.

Üçüncü Vaka, Ondalıkları ve Bağışları Çalmaktır.

Malaki 3:8-9 ayetlerinde şöyle denir: *"İnsan Tanrı'dan çalar mı? Oysa siz benden çalıyorsunuz. 'Senden nasıl çalıyoruz?' diye soruyorsunuz. Ondalıkları, sunuları çalıyorsunuz. Siz lanete uğradınız. Çünkü bütün ulus benden çalıyorsunuz."*

Ondalık, Tanrı'nın tüm maddi şeyler üzerinde Efendi olduğunu ve yaşamlarımızı yönettiğini anladığımızın bir kanıtı olarak, tüm kazançlarımızın onda birini Tanrı'ya vermektir. Bu sebeple eğer Tanrı'ya inandığımızı söyler ama ondalıklarımızı vermezsek, Tanrı'dan çalıyoruzdur; böylece lanet yaşamlarımıza sızabilir. Bu, Tanrı'nın bizleri lanetleyeceği anlamını taşımaz. Anlamı; bu yanlış davranış için Şeytan bizi suçladığında Tanrı'nın bizleri korumayacağıdır çünkü aslında Tanrı'nın ruhani yasasını çiğneriz. Bu sebeple mali sorunlar, akıl çelmeler, ani felaket veya hastalıklarla karşı karşıya kalabiliriz.

Ancak Malaki 3:10 ayetinde, *"'Tapınağımda yiyecek bulunması için bütün ondalıklarınızı ambara getirin. Beni bununla sınayın' diyor Her Şeye Egemen RAB. 'Göreceksiniz ki, göklerin kapaklarını size açacağım, üzerinize dolup taşan bereket yağdıracağım.'"* Denildiği gibi, ondalıklarımızı uygun olarak verirsek, Tanrı'nın vaat ettiği kutsama ve korumayı alırız.

Bazı insanlar Tanrı tarafından korunmazlar çünkü ondalıklarını bütünüyle vermezler. Diğer gelirlerini hiç hesaba katmadan ondalıklarını brüt değil net aylıklarından hesaplarlar; yani tüm kesinti ve vergiler çıkartıldıktan sonra. Uygun ondalık, toplam gelirimizin onda birini Tanrı'ya vermektir. Ek işlerin, parasal hediyelerin, yemek davetlerinin veya hediyelerin hepsi kişisel karlarımızdır. Dolayısıyla bu tip kazançlardan onda birlik değeri hesaplamalı ve uygun ondalıklarımızı bunları da göz önünde bulundurarak yapmalıyız.

Bazı durumlarda insanlar ondalıklarını hesaplar, ama Tanrı'ya misyonerlik veya iyi niyet sunuları olarak farklı şekillerde sunarlar. Ancak bu da Tanrı'dan çalmaktır çünkü uygun ondalık değildir. Kilisenin sunuları nasıl kullanacağı kilisenin finans ofisini ve doğru ondalıkları vermekte bizi ilgilendirir.

Ayrıca şükran sunuları olarak başka sunularda verebiliriz. Tanrı'nın çocuklarının şükran duyacakları çok şey vardır. Kurtuluşun armağanıyla göksel egemenliğe gidebilir; kilisede ki farklı görevlerle göksel egemenlikte ödülleri biçebilir ve dünya da yaşarken Tanrı'nın korumasını ve kutsamalarını her daim alırız. Şükranla dolu olmamız gerekir.

Bu nedenle her Pazar bir sonra ki hafta bizi koruması için Tanrı'ya şükranlarımızı belirten çeşitli sunularla O'nun huzuruna geliriz. Ve dini festivallerde veya kutlamalarda Tanrı'ya şükranımızı sunmak için özel bir nedenimiz olduğunda, özel bir sunuyu bir kenara koyar ve bunu Tanrı'ya sunarız.

İnsanlarla ilişkilerimizde biri bize yardım ettiğinde veya özel bir şekilde el verdiğinde yüreklerimizde hissettiğimiz şükran küçük olmaz. Bizlerde karşılığında o kişiye bir şey vermeyi isteriz. Aynı şekilde bizlere kurtuluşu veren ve bizleri göksel egemenliğe hazırlayan Tanrı'ya minnettarlığımızı göstermek için bir şeyler sunmak sadece doğaldır (Matta 6:21).

Eğer biri imanı olduğunu söylüyor ve Tanrı'ya verirken cimrilik yapıyorsa, hala maddi şeyler için açgözlü olduğu anlamını gelir. Bu, o kişinin maddi şeyleri Tanrı'dan daha fazla sevdiğini gösterir. Bu yüzden Matta 6:24 şöyle der: *"Hiç kimse iki efendiye kulluk edemez. Ya birinden nefret edip öbürünü sever, ya da birine bağlanıp öbürünü hor görür. Siz hem Tanrı'ya, hem de paraya kulluk edemezsiniz."*

Eğer olgun Hristiyanlarsak ve maddi şeyleri Tanrı'dan daha fazla seviyorsak, o zaman imanlarımızda ilerlemekten ziyade gerilemek çok daha kolay olacaktır. Bir zamanlar aldığımız lütuf, uzun zaman önce elimizden kayıp gitmiş bir anı olur ve şükran duymamızı gerektiren nedenler azalır. Farkında bile olmadan imanımız, kurtuluşumuzu tehlikeye sokacak noktada değer kaybeder.

Gerçek bir şükran ve imandan gelen sununun kokusunda Tanrı hoşnut kalır. Herkesin iman ölçüsü farklıdır. Tanrı, her insanın durumunu bilir ve iç yüreğini görür. Dolayısıyla ne sununun büyüklüğü ne de miktarı Tanrı'yı etkilemez. Geçinmek için elinde olan iki bakır paranın hepsini veren dul kadına İsa'nın övgüsünü hatırlayın (Luka 21:2-4). Tanrı'yı bu şekilde hoşnut edersek, Tanrı bizi pek çok bereketle kutsayacaktır. Ve Tanrı'dan aldığımız kutsamalar, şükranla verdiğimiz sunularla kıyaslanamaz. Tanrı, canlarımızın gönenç içinde olmasını sağlar ve yaşamlarımızı şükran duyacak daha fazla nedeni barındıracak şekilde akmasıyla bizleri kutsar. Bizleri, verdiğimiz sunuların otuz katı, altmış katı ve yüz katıyla kutsar.

Mesih'e iman ettikten sonra Tanrı'ya uygun ondalık ve sunular vermek zorunda olduğumuzu öğrenir öğrenmez hemen itaat etmeye başladım. Hastalıktan dolayı yatak döşek olduğum yedi sene boyunca oldukça borçlanmıştım ama Tanrı'nın beni hastalıklarımdan iyileştirmesinden dolayı şükranla dopdolu olduğumdan Tanrı'ya her zaman verebildiğim kadar sundum. Eşimin de benimde çalışıyor olmamıza rağmen borçlarımıza yüklenen faizleri zar zor ödüyorduk. Fakat ne olursa olsun ibadetlerimize ellerimiz boş gitmedik.

Her şeye kadir Tanrı'ya inandığımızda ve O'nun sözlerine itaat ettiğimizde, birkaç ay içinde bunaltıcı borcumuzu ödemek için yardım etti. Ve zamanla Tanrı'nın üzerimize yağdırdığı sonu gelmez kutsamaları deneyim edebildik ve bolluk içinde yaşayabildik.

Dördüncü Vaka, Tanrı'nın Sözlerini Çalmaktır.

Tanrı'nın sözlerini çalmak, Tanrı'nın adıyla sahte peygamberliklerde bulunmak demektir (Yeremya 23:30-32). Örneğin, Tanrı'nın sesini duyduklarını söyleyerek O'nun sözlerini çalan, falcılar gibi gelecekten bahseden veya işinde durumu kötüye giden birine "Peder olmak yerine iş dünyasına atıldın. İşte bu yüzden Tanrı, işlerinin kötüye gitmesine neden oldu" diyen insanlar vardır.

Ayrıca kaynağı kendilerine has düşünceleri olan bir rüyanın veya görümün ertesinde "Bu rüyayı Tanrı görmemi sağladı" veya "Bu görümü bana Tanrı verdi" demekte, Tanrı'nın sözlerini çalmaktır. Bu ayrıca Tanrı'nın adını kötüyü kullanma kategorisi altında da yer alır.

Elbette ki Kutsal Ruh'un aracılığıyla Tanrı'nın isteğini anlamak ve Tanrı'nın isteğini duyurmak iyidir, ama bunu doğru bir biçimde yapmak için Tanrı'nın nazarında kabul edilir olup olmadığımızı gözden geçirmeliyiz. Çünkü Tanrı, herkesle konuşmaz. Tanrı sadece yüreklerinde kötülük barındırmayanlarla konuşur. Bu sebeple kendi düşüncelerimize dalmış bir vaziyetteyken ufacık dahi olsa Tanrı'nın sözlerini çalmadığımızdan emin olmak zorundayız.

Bunun yanı sıra eğer bir şeyi alırken veya bir şey yaparken vicdan azabı çekiyor ve utanç duyuyorsak, bu, kendimizi bir kez daha gözden geçirmemiz gerektiğinin bir göstergesidir. Vicdan azabı duymamızın sebebi, kendi bencil güdülerimizle bize ait olmayan bir şeyi almamız sonucu içimizde ki Kutsal Ruh'un acı çekmesidir.

Örneğin, bir nesneyi çalmıyor olsak bile tembellikle geçen çalışmamızın karşılığında maaş alıyor veya kilisede sorumluluklarımızı yerine getirmediğimiz bir görevde bulunuyorsak ve iyi yürekli olduğumuzu varsayarsak, bundan vicdan azabı çekeriz.

Ayrıca eğer Tanrı'ya adanması gereken bir kişi, Tanrı'dan başka işler için vaktini çarçur ediyor ve Tanrı'nın egemenliği için zaman kaybına sebep oluyorsa, zaman çalıyordur. Sadece Tanrı ile değil ama ayrıca işimizde ve gayri resmi çevremizde de dakik olmalıyız ki, başkalarının zamanlarını israf ederek onların kaybına neden olmayalım.

Bu yüzden çalma günahını işlemediğimizden emin olmak için her daim kendimizi gözden geçirmeli ve aklımızdan ve yüreklerimizden bencillik ve açgözlülüğü atmalıyız. Temiz bir vicdanla Tanrı'nın huzurunda gerçek ve içten bir yüreğe sahip olmak için mücadele etmeliyiz.

10. Bölüm

Dokuzuncu Buyruk

"Komşuna karşı yalan yere tanıklık etmeyeceksin"

Mısır'dan Çıkış 20:16

"Komşuna karşı yalan yere tanıklık etmeyeceksin."

İsa'nın tutuklandığı geceydi. Petrus, İsa'nın tutuklandığı yerin avlusunda oturuyordu. Bir hizmetçi kız yanına gelerek, "Sen de Celileli İsa'yla birlikteydin" dedi. Bunun üzerine şaşkınlığa düşen Petrus, "Neden söz ettiğini anlamıyorum" diyerek karşılık verdi (Matta 26). Petrus, gerçekten de yüreğinin derinliklerinden İsa'yı inkâr etmedi. Ani korku dalgası yüzünden yalan konuştu. Bu olaydan hemen sonra Petrus dışarı çıktı ve yere kapanarak acı içinde ağladı. Ve İsa, Golgota denilen yere çarmıhını taşırken, Petrus kafası eğik ve utanç içinde olanları uzaktan izledi.

Her ne kadar tüm bu olanlar Petrus Kutsal Ruh'u almadan önce gerçekleşmiş olsa da, bu yalan yüzünden İsa gibi dik vaziyette çarmıha gerilmeye cüret edemedi. Kutsal Ruh'u aldıktan ve tüm yaşamını İsa'nın görevine adadıktan sonra bile İsa'yı inkâr ettiği için o kadar utanç içindeydi ki, sonunda baş aşağı çarmıha gerilmeyi kendisi istedi.

"Komşuna Karşı Yalan Yere Tanıklık Etmeyeceksin"

İnsanların gün içinde sarf ettiği sözlerin içinde bazı önemsiz sözlerin yanında oldukça önemli olanları da vardır. Bazı sözler anlamsızdır ve bazıları diğerlerini kıracak veya onları aldatacak kötü kelimelerdir.

Yalanlar, gerçekten sapan kötü sözlerdir. Her ne kadar kabul etmeseler de pek çok insan her gün sayısız yalan – büyük ya da küçük – söyler. Ama kendileri bile farkında olmadan yalanlardan oluşmuş bir dağın tepesinde dururlar.

Karanlık kiri, pisliği ve düzensizliği gizler. Ama parlak ışığın aydınlandığı bir oda da en ufak toz zerresi bile net bir şekilde gözler önüne serilir. Aynı şekilde gerçek olan Tanrı, ışık gibidir ve sürekli yalan söyleyen pek çok insanı görür.

Bu nedenle dokuzuncu buyrukta bizlere komşularımıza karşı yalancı tanıklık yapmamamızı söyler. Burada "komşu", ebeveynlerimiz, kardeşlerimiz, çocuklarımız; kısaca kendimiz dışında herkestir. Tanrı'nın "yalancı tanıklığı" nasıl üç bölümde açıkladığını inceleyelim.

İlk Olarak, "Yalancı Tanıklık Yapmak", Komşunuz Hakkında Gerçeğe Aykırı Konuşmanız Anlamına Gelir.

Örneğin mahkemelerde gözlemlediğimiz duruşmalardan yalancı tanıklık yapmanın ne denli korkunç olduğunu görebiliriz. Çünkü bir tanığın doğrudan tanıklığı nihai kararı etkiler. Ufacık bir sapma, masum bir insanın başına büyük bir talihsizlik getirebileceği gibi, durum o kişi için ölüm kalım meselesine dönüşebilir.

Yalancı ifadelerle tanığın pozisyonunu kötüye kullanmasını önlemek için Tanrı, bir vakanın pek çok açıdan iyice anlaşılmasını sağlamak amacıyla yargıçların pek çok tanığı dinlemesini buyurmuştur ki, akıllı ve sağduyulu yargılara varabilsinler. Bu nedenle tanıklık edenlere ve yargılayanlara basiret ve dikkati emretmiştir.

Yasa'nın Tekrarı 19:15 ayetinde Tanrı şöyle der: *"Herhangi bir suç ya da günah konusunda birini suçlu çıkarmak için bir tanık yetmez. Her sorun iki ya da üç tanığın tanıklığıyla açıklığa kavuşturulacaktır."* 16-20 ayetlerinde ise şöyle devam eder: *"Eğer yalancı bir tanık kötü amaçla birini suçlarsa, kardeşine karşı yalancı tanıklık yaptığı ortaya çıkarsa,"* o zaman kardeşine yüklemeye çalıştığı cezayı kendisi yüklenmelidir.

Bir kişinin bir başkasının büyük kayıplara uğramasına neden olan bu tip ciddi vakaların yanı sıra her gün orada ya da şurada komşuları hakkında küçük yalanlar söyleyen insanların olduğu pek çok vaka da vardır. Eğer komşusunu savunmak için gerçeği konuşmak yerine saklıyorsa, komşusu hakkında yalan söylemiyor olsa da yalancı tanıklık yapmış sayılır.

Eğer bizim işlediğimiz bir yanlış yüzünden bir başkası suçlanıyorsa ve başımız belaya girecek korkusuyla sessiz kalıyorsak, nasıl temiz bir vicdan sahibi olabiliriz? Evet, Tanrı bizlere yalan söylemememizi buyuruyor ama ayrıca dürüst yüreklere sahip olmamızı da buyuruyor ki, sözlerimiz ve eylemlerimiz bütünlüğü ve gerçeği de yansıtsın.

Öyleyse birini rahatlatmak ve ona kendisini iyi hissettirmek için söylediğimiz "beyaz yalanlar" hakkında Tanrı ne düşünür?

Mesela ziyaretine gittiğimiz bir arkadaşımız bize "Bir şeyler yedin mi?" diye sorduğunda, arkadaşımıza rahatsızlık vermemek için bir şey yemediğimiz halde, "Evet, yedim" diye cevap veririz. Ama böyle bir durumda "Hayır, yemedim ama şu anda da yemek istemiyorum" diyerek gerçeği söylemeliyiz.

Kutsal Kitap'ta bile "küçük beyaz yalanlar"ın örneklerine rastlanır.

Mısır'dan Çıkış'ın 1. bölümünde Firavun'un İsrailoğullarının sayıca artmalarından endişe duyduğu ve İbrani ebeleri belli bir emre tabi tuttuğu bir bölüm vardır. Onlara şöyle der: *"İbrani kadınlarını doğum sandalyesinde doğurturken iyi bakın; çocuk erkekse öldürün, kızsa dokunmayın"* (a. 16).

Ama Tanrı'dan korkan İbrani ebeleri Firavun'u dinlemediler ve erkek çocukları sağ bıraktılar. Firavun onları sorgulayıp, "Niçin yaptınız bunu?" Neden erkek çocukları sağ bıraktınız? sorduğunda, şöyle yanıtladılar: "İbrani kadınlar Mısırlı kadınlara benzemiyor güçlüler. Daha ebe gelmeden doğuruyorlar."

Ayrıca İsrail'in ilk kralı Saul, İnsanlar kendisinden çok daha fazla sevdiği için Davut'u kıskanıp öldürtmeye çalıştığında, oğlu Yonathan, Davut'un hayatını kurtarmak için babasını kandırmıştı.

Bu vakalarda insanların yalan söylemesinin salt nedeni, kendi bencil güdülerinden ziyade bir başkasının çıkarını gözetmekten kaynaklanan gerçek bir iyi niyet göstergesidir. Tanrı bu kişileri otomatikman yargılayıp "yalan söylediniz" demez. Tıpkı İbrani ebelere gösterdiği gibi lütufunu onlara gösterir çünkü iyi niyetleriyle hayat kurtarmaya çabalamışlardır. Ancak insanlar belli bir iyilik seviyesine ulaştıklarında "küçük beyaz yalan" söylemeksizin muhaliflerinin ya da uğraştıkları kişilerin yüreklerine dokunabileceklerdir.

İkinci Olarak, Bir Mesajı Ekleme-Çıkarma Yaparak İletmek, Bir Başka Komşuya Yalancı Şahitlik Şeklidir.

Bu, biriyle ilgili bir mesajı, gerçeği – belki kendi duygu ve düşüncelerinizi kattığınızdan ya da belli kelimeleri atladığınızdan – saptırarak nakletmenizdir. Biri onlara bir şey söylediğinde sübjektif kulaklarla dinlerler; dolayısıyla bilgiyi alışları ağırlıklı olarak kendi duyguları ve geçmiş deneyimlerine bağlıdır. İşte bu yüzden belli bir bilgi kişiden kişiye nakledildiğinde, asıl konuşmacının amaçlanan mesajı kolayca kaybolabilir.

Hatta her bir kelime—noktalama vs—doğru bir şekilde aktarılsa bile iletilerin belli kelimeler üzerinde ki tonlaması ve vurgusuna bağlı olarak anlam kaçınılmaz bir şekilde değişir. Örneğin, sevecen bir tavırla arkadaşına, "Neden?" diye soran biriyle düşmanının yüzüne acımasız bir ifadeyle, "Neden?!" diye bağıran kişi arasında büyük bir fark vardır.

Bu yüzden birini dinlediğimiz zaman o kişinin mesajına hiçbir kişisel duygu yüklemeden söylediğini anlamaya çalışmalıyız. Aynı kural başkalarıyla konuştuğumuz zaman da geçerlidir. Asıl kişinin – ve o kişinin amaçladığı anlamı – nakletmek için elimizden gelenin en iyisi için çaba göstermeliyiz.

Doğru bir şekilde mesajı nakledebileceksek bile eğer mesajın içeriği gerçeğe aykırı veya dinleyiciye de faydasız ise hiç aktarmamamız daha yerine olur. Çünkü iyi niyetle naklediyor olsakta dinleyen incinebilir veya gücenebilir. Ve bu olursa insanlar arasında ahenksizliği kızıştıran pozisyona düşebiliriz.

Matta 12:36-37 ayetleri şöyle der: *"Size şunu söyleyeyim, insanlar söyledikleri her boş söz için yargı günü hesap verecekler. Kendi sözlerinizle aklanacak, yine kendi sözlerinizle suçlu çıkarılacaksınız."* Dolayısıyla Rab'bimizde gerçek ve sevgiden uzak olan sözleri söylemekten kaçınmalıyız. Bu, sözleri nasıl dinlediğimiz konusunda da geçerlidir.

Üçüncü Olarak, Başkalarının Yüreklerini Gerçekten Anlamadan Onları Yargılamamız ve Eleştirmemiz de Bir Başka Komşuya Yalancı Şahitlik Şeklidir.

Pek sıklıkla insanlar, bir başkasının ifade ve eylemlerine bakarak ve kendi duygu ve düşüncelerini önlerine rehber alarak, o kişinin yüreği veya niyeti hakkında yargıya varırlar. Şöyle diyebilirler: "Büyük bir ihtimalle bu kişi aklından geçeni söyledi" veya "Böyle davrandığına göre kesinlikle buna niyeti vardı."

Yeni bir işçinin yeni bir çevre içinde olmaktan duyduğu

heyecan yüzünden amiriyle dostane bir hava içinde olmadığını farz edin. Amir şöyle düşünebilir: "Bu işçi benimle rahat hissetmiyor. Belki de geçen gün yaptığım olumsuz eleştiri yüzündendir." Bu, amirin kendi fikirlerinden doğan yanlış algısıdır. Veyahut gözleri net görmeyen ya da oldukça dalgın olan biri, arkadaşını görmeden yanından geçip gidebilir ve arkadaşı şöyle düşünebilir: "Beni tanımıyormuş gibi davranıyor. Acaba bana kızgın mı?"

Böyle bir durumla karşılaşan bir başka kişi ise çok daha farklı bir reaksiyon gösterebilir. Herkesin farklı düşünce ve duyguları vardır ve herkes belli durumlara farklı reaksiyon gösterir. Dolayısıyla aynı zorluğun üstesinden gelmek için her birey farklı seviyede güç sarf edecektir. Bu yüzden birini acı içinde gördüğümüzde, kendimizin acıya toleransıyla o kişiyi asla yargılamamalı ve "Neden hiçbir şey yokken bu kadar yaygara koparıyor?" diye düşünmemeliyiz. Bir başkasının yüreğini—onu gerçekten sevseniz ve onunla yakın ilişki içinde olsanız bile— tamamen anlamak kolay değildir.

Dahası insanların başkalarını yanlış yargıladığı ve yanlış anladığı, birbirlerini hayal kırıklığına uğrattığı ve sonunda suçladıkları pek çok farklı şekil vardır. Bunlar olur çünkü kendi koşullarına göre yargılarlar. Eğer bir kişinin yüreğinde olmamasına rağmen belli bir niyet olduğunu düşünerek kendi koşullarımıza göre yargılarsak ve sonra onun hakkında olumsuz konuşursak, o kişiyle ilgili yalancı tanıklık yapıyoruz demektir. Ve eğer böylesi gerçeğe aykırı bir şeyi dinleyerek ya da belli bir kişinin yargılanıp suçlamasına katkıda bulunacak bir eylemde yer alıyorsak, komşumuza karşı yalancı tanıklık yapma günahını işleriz.

Pek çok insan belli bir olaya kötü bir reaksiyon gösteriyorlar ise, başkalarının da aynı şekilde davranacağını düşünürler. Yüreklerinde hile olduğundan başkalarının yüreklerinin de aynı olduğu kanaatinde olurlar. Belli bir durum veya manzara karşısında kötü düşünceler akıllarından geçerse, "Bahse girerim ki şu insanında aklından böyle kötü düşünceler geçiyor" şeklinde düşünürler. Ve kendileri başkalarına tepeden baktıkları için, "Şu kişi bana tepeden bakıyor. Kendini beğenmiş!" diye akıllarından geçirirler.

Bu yüzden Yakup 4:11'de şöyle denir: *"Kardeşlerim, birbirinizi yermeyin. Kardeşini yeren ya da yargılayan kişi, Yasa'yı yermiş ve yargılamış olur. Yasa'yı yargılarsan, Yasa'nın uygulayıcısı değil, yargılayıcısı olursun."* Eğer bir kişi kardeşlerinden birini yargılıyor veya karalıyorsa, bu, onun kibirli olduğunu ve sonunda Hâkim Tanrı gibi olmayı arzuladığını gösterir.

Başkalarının zayıflıkları hakkında konuşuyor ve onları yargılıyorsak, çok daha büyük bir günahı işlemekte olduğumuzu bilmeliyiz. Matta 7:1-5 ayetleri şöyle der: *"Başkasını yargılamayın ki, siz de yargılanmayasınız. Çünkü nasıl yargılarsanız öyle yargılanacaksınız. Hangi ölçekle verirseniz, aynı ölçekle alacaksınız. Sen neden kardeşinin gözündeki çöpü görürsün de kendi gözündeki merteği farketmezsin. Kendi gözünde mertek varken kardeşine nasıl, 'İzin ver, gözündeki çöpü çıkarayım'* dersin? 'Kutsal olanı köpeklere vermeyin.' İncilerinizi domuzların önüne atmayın. Yoksa bunları ayaklarıyla çiğnedikten sonra dönüp sizi parçalayabilirler. Dileyin, size verilecek; arayın, bulacaksınız; kapıyı çalın, size açılacaktır."

Dikkatli olmamız gereken bir diğer şey ise, Tanrı'nın sözlerini kendi düşüncelerimizle yargılamamızdır. İnsan için imkânsız olan Tanrı için mümkündür. Dolayısıyla Tanrı'nın sözlerine asla "Yanlış!" dememeliyiz.

Abartarak veya Gerçeği Olduğundan Eksik Göstererek Yalan Söylemek

İnsanlar hiçbir kötü niyet taşımadan hemen her gün abartmaya veya gerçeği olduğundan eksik göstermeye meyillidirler. Örneğin çok yemek yemiş biri, "Her şeyi yedim" diyebilir. Masada biraz yemek varken, "Geride tek bir kırıntı bile bırakmadım" diyebiliriz. Hatta ve hatta sadece üç veya dört kişinin üzerinde anlaştığı bir konu için, "herkes anlaşmaya vardı" diyebiliriz.

Bu nedenle pek çok insanın yalan olmadığını düşündüğü şey, aslında yalandır. Hatta tüm gerçekleri bilmediğimiz konularda konuştuğumuz vakalar vardır ki, sonucunda yalan söyleriz.

Örneğin birinin bize bir şirkette kaç kişinin çalıştığını sorduğunu ve bizlerinde, "Şu kadar insan var" diye yanıtladığını, ama sonra saydığımız gerçek sayının farklı olduğunu farz edelim. Kasıtlı olarak yalan söylememiş olsakta söylediğimiz hala bir yalandır çünkü gerçekten farklıdır. Dolayısıyla böyle bir durumda "Tam sayıyı bilmiyorum ama sanırım şu sayıda insan çalışıyor olmalı" yanıtı çok daha yerinde olacaktır.

Elbette ki böyle vakalarda kötü güdülerle kasıtlı olarak yalan söylemez ya da kötü yüreklerle başkalarını yargılamayız. Ancak bu düşüncelerin ve eylemlerin ufacık bir parçasını bile görecek olsak sorunun kökenine inmek doğru olacaktır. Yüreği gerçekle dolu biri, ne kadar küçük olursa olsun gerçeğe ne ekleme ne de çıkarma yapar.

Hakikatli ve dürüst bir insan, gerçeği gerçek olarak alır ve gerçeği gerçek olarak nakleder. Dolayısıyla bir şey ne kadar küçük ve önemsiz olursa olsun onunla ilgili gerçeğe aykırı ufacık bir imada bulunmamız, yüreğimizin gerçekle dolmamış olduğunu gösterir. Ve eğer yüreklerimiz tamamen gerçekle dolmamış ise, yaşamımızın tehdit altında olduğu bir durumda yalan söyleyerek başkalarına zarar verecek potansiyele sahip oluruz.

1. Petrus 4:11 ayetinde, *"Konuşan, Tanrı'nın sözlerini iletir gibi konuşsun,"* dendiği gibi, gerçeğe aykırı sözler kullanarak yalan söylememeli ve şakalar yapmamalıyız. Ne söylersek söyleyelim her zaman Tanrı'nın sözlerini dile getirir gibi gerçeğin çizgisinde sözler sarf etmeliyiz. Ve bunu, kendimizi adayarak ettiğimiz dualarla ve aldığımız Kutsal Ruh'un rehberliğiyle yapabiliriz.

11. Bölüm

Onuncu Buyruk

"Komşunun evine göz dikmeyeceksin"

Mısır'dan Çıkış 20:17

"Komşunun evine, karısına, erkek ve kadın kölesine, öküzüne, eşeğine, hiçbir şeyine göz dikmeyeceksin."

Ezop'un ünlü masallarından biri olan altın yumurtlayan kazın hikâyesini biliyor musunuz? Evvel zaman içinde küçük bir kasabada garip bir kazı olan bir çiftçi yaşardı. Kazıyla ne yapacağını düşünürken çok şaşırtıcı bir şey oldu. Kaz her sabah altın yumurtlamaya başladı. Ve bir gün çiftçinin aklından, "Muhtemelen kazın içinde çok daha fazla altın vardır" düşüncesi geçti. Aniden bencilleşti ve tüm altına sahip olmayı istedi. Böylece her gün bir altın yumurtlamasını beklemek yerine hemen zengin olabilirdi.

Açgözlülüğü giderek büyüdü ve içinde tek bir altın kırıntısı olmadığını keşfetmek üzere kazı kesti. O an çiftçi yaptığının yanlış olduğunu fark etti ve çok pişman oldu. Ama artık çok geçti.

Tıpkı bu hikâyede olduğu gibi bir insanın açgözlülüğünün sınırları yoktur. Ne kadar çok nehir okyanusa akarsa aksın okyanus taşmaz. İnsanın açgözlülüğü de işte böyledir. Bir kişi ne kadar çok mal mülk edinirse edinsin tam bir doyuma asla oluşmaz. Bunu her gün görürüz. Bir kişinin açgözlülüğü arttıkça sadece elinde olanlardan doyumsuz hissetmekle kalmaz ama kötü yollarla da olsa başkalarının sahip olduklarına göz diker ve elde etmeye çabalar. Böylece ölümcül bir günah işlemeye doğru gider.

"Komşunun Evine Göz Dikmeyeceksin"

"Göz dikmek", açgözlülükle kişinin sahip olmadığı şeyleri

istemesi ve sonra uygunsuz yollardan başkasına ait şeyleri ele geçirmeye çabalamasıdır. Veyahut dünyanın tüm benliğe ait şeylerini arzulayan bir yüreğe sahip olmasıdır.

Pek çok suç, açgözlü bir yürek yüzünden meydana gelir. Açgözlülük, insanların yalan söylemesine, çalmasına, aldatmasına, zimmetine mal geçirmesine, adam öldürmesine ve diğer her türlü suçu işlemesine neden olur. İnsanların sadece maddi değil ama konum ve üne de göz diktikleri vakalar vardır.

Bu tür açgözlü yürekler yüzünden kardeşler arasında ki ilişkiler, ebeveyn-çocuk ilişkileri ve hatta eşler arasında ki ilişkiler düşmanlığa dönüşür. Bazı aileler düşman olurlar ve gerçekte yaşayarak mutlu yaşamlar sürdürmek yerine, kendilerinden daha fazla şeye sahip olan insanları kıskanır ve onlara imrenirler.

İşte bu yüzden onuncu buyruğun vesilesiyle Tanrı bizleri günahı doğuran açgözlülük konusunda uyarır. Tanrı bizlerden gökteki değerleri düşünmemizi ister (Koloseliler 3:2). Ancak ebedi yaşamı aradığımız ve yüreklerimizi göklerin umuduyla doldurduğumuz zaman gerçek doyum ve mutluluğu bulabiliriz. Ve o zaman açgözlülüğümüzü söküp atarız. Luka 12:15 ayeti şöyle der: *"Dikkatli olun! Her türlü açgözlülükten sakının. Çünkü insanın yaşamı, malının çokluğuna bağlı değildir."* İsa'nın dediği gibi ancak tüm açgözlülüğü söküp attığımızda günah işlemeyi keser ve neticesinde ebedi yaşama sahip oluruz.

Açgözlülüğün Bir Günah Biçiminde Ortaya Çıkış Süreci

Öyleyse açgözlülük nasıl günahkâr bir eyleme dönüşür? Oldukça zengin bir eve ziyarete gittiğinizi varsayalım. Ev, mermerlerden yapılmış ve olabildiğince geniş olsun. İçinde her türlü lüks eşyayı barındırsın. Böyle bir ev herhangi birinin, "Harika bir ev! Kesinlikle çok güzel!" demesi için yeterlidir.

Ama pek çok insan böylesi bir yorumdan sonra kendilerini frenlemezler. "Keşke benimde böyle bir evim olsaydı. Keşke bende bu insan kadar zengin olsaydım..." diye düşünmeye devam ederler. Elbette ki gerçek inanlılar bu tür düşüncelerin hırsızlık düşüncelerine dönüşmesine izin vermezler. Ama "keşke benimde olsaydı" gibi bir düşünceyle açgözlülük yüreklerine girebilir.

Ve eğer açgözlülük yüreklerine girerse, günah işlemeleri an meselesidir. Yakup 1:15 ayetinde şöyle denir: *"Sonra arzu gebe kalır ve günah doğurur. Günah olgunlaşınca da ölüm getirir."* Bu arzu veya açgözlülüğe yenik düşüp günah işleyen inanlılar vardır.

Yeşu'nun yedinci bölümünde bu tür bir açgözlülüğe yenik düşüp ölümle cezalandırılan Akan'ın hikâyesini okuruz. Musa'nın yerine önder olarak geçen Yeşu, Kenan ülkesini ele geçirme sürecindeydi. İsrailliler Eriha kentini yeni kuşatmışlardı ve Yeşu, Eriha kentinden gelen her şeyin Tanrı'ya adanacağı konusunda halkını uyarmıştı. Hiç kimse onlara el süremeyecekti.

Ancak pahalı bir kaftanı, birkaç gümüş ve altını gören Akan onlara göz dikti ve gizlice onları kendisi için sakladı. Yeşu bunu bilmeyerek bir sonra ki Ay Kentini ele geçirmek üzere devam etti. Ay, küçük bir kent olduğundan İsrailliler kolay bir savaş olacağını düşündüler. Ama şaşkınlık içinde savaşı kaybettiler. Bunun üzerine Tanrı, yenilgilerinin nedeninin Akan'ın günahı olduğunu Yeşu'ya söyledi. Bunun sonucunda sadece Akan değil, ama tüm ailesi ve hatta hayvanları bile öldürüldü.

2. Krallar beşinci bölümde göz dikmemesi gerektiği şeylere göz diktiği için Elişa'nın uşağı Gehazi'nin de deri hastalığına tutulmasını okuruz. Elişa, deri hastalığından temizlenmesi için Ordu Komutanı Naaman'a yedi kez Şeria ırmağında yıkanmasını söyledi. Ve Naaman iyileştikten sonra şükranlarının bir karşılığı olarak Elişa'ya getirdiği armağanları vermeyi arzuladı ama Elişa bir şey almayı red etti.

Ancak Ordu Komutanı Naaman dönüş yolundayken Gehazi sanki Elişa kendisini göndermiş gibi Naaman'ın peşine düştü ve armağanlardan bazılarını istedi. Onları alarak sakladı. Bununla da kalmayıp ta baştan beri Gehazi'nin yaptıklarını bilen Elişa'nın yanına dönerek onu aldatmaya kalkıştı. Ve böylece Naaman'ın deri hastalığı Gehazi'ye geçti.

Elçilerin İşleri beşinci bölümünde ki Hananya ile Safira'nın vakası da aynıdır. Kendilerine ait bir mülkü satıp elde edecekleri parayı Tanrı'ya sunacaklarına söz vermişlerdi. Ama para bir kez ellerine geçince yürekleri değişti ve paranın bir kısmını kendine saklayarak gerisini getirip elçilerin buyruğuna verdi. Paraya gözlerini dikerek elçileri kandırmaya çalıştılar. Ama elçileri kandırmak, Kutsal Ruh'u kandırmakla aynıdır. Dolayısıyla anında yere yıkılıp ikisi de can verdi.

Açgözlü Yürekler Ölüme Götürür

Açgözlülük yapıp göz dikmek sonunda ölüme götüren büyük bir günahtır. Dolayısıyla yüreklerimizden açgözlülük yanı sıra bu dünyanın benliğe ait şeylerini arzulayan akıl çelici şeylerini de söküp atmak bizim için yaşamsal önem taşır. Dünyada istediğiniz her şeye sahip olup yaşamanızı kaybetmenizin sizin için ne iyiliği var?

Diğer taraftan ise, bu dünyanın tüm zenginliklerine sahip olmayıp Rab'be inanır ve gerçek bir yaşam sürerseniz, gerçektende zengin bir insansınızdır. Luka on altıncı bölümde zengin adamla dilenci Lazar arasında geçen hikâyeden de öğrendiğimiz gibi gerçek bir kutsama, açgözlü bir yüreği söküp attıktan sonra alacağımız kurtuluştur.

Tanrı'ya iman etmeyen ve göklere umut beslemeyen zengin adam-güzel giysiler giyerek, dünyevi açgözlülüğünü doyurarak ve zevk sefaya dalarak-görkemli bir yaşam sürdürmüştü. Diğer taraftan ise dilenci Lazar, zengin adamın kapısının önünde dilenmişti. Hayatı sefalet içindeydi. Hatta köpekler bile gelip onun yaralarını yalardı. Ancak yüreğinin derinliklerinde

Tanrı'yı yüceltir ve her daim gökler için umut beslerdi.

Sonunda zengin adamla Lazar'ın her ikisi de öldü. Dilenci Lazar, melekler tarafından İbrahim'in yanına alınırken, zengin adam ıstırap içinde olduğu ölüler diyarına gitti. Alevler içinde azap çektiğinden çok susamıştı ve sadece bir damla su diliyordu. Ama bu dileği bile kabul edilmedi.

Zengin adamın dünyada yaşamak için bir ikinci şansı daha olduğunu varsayın? Yeryüzünde sefalet içinde yaşamak olsa bile, muhtemelen göklerde ki ebedi yaşama sahip olmayı seçerdi. Lazar gibi bu dünya da çok fakir hayat süren biri eğer Tanrı'dan nasıl korkacağını ve O'nun ışığında nasıl yaşayacağını öğrenirse, yeryüzünde yaşarken de maddi zenginliklerle kutsanabilir.

Eşi Sara'nın ölümünden sonra imanın atası İbrahim, eşini gömmek için Makpela mağarasını satın almayı istedi. Mağaranın sahibi İbrahim'e bedava vereceğini söyledi ama İbrahim bedava almayı kabul etmedi ve ücreti ödedi; çünkü yüreğinde açgözlülükten eser yoktu. Ücretini ödemeden sahip olmayı aklından bile geçirmedi (Yaratılış 23:9-19).

Dahası İbrahim, Tanrı'yı seviyor ve O'nun sözlerine itaat ediyordu. Dürüst ve doğru bir yaşam sürdürüyordu. Bu yüzden yeryüzünde ki yaşamı sırasında sadece maddi zenginlikle değil ama uzun bir yaşam, ün, güç, soy vs. kutsandı. Hatta "Tanrı'nın dostu" diye çağrılarak ruhani anlamda da kutsandı.

Ruhani Kutsamalar, Tüm Maddi Kutsamalardan Üstündür

Bazen insanlar merakla, "Şu kişi pek inanlı bir kimseye benziyor. Nasıl oluyor da fazlasıyla kutsanmıyor?" gibi sorular sorarlar. Eğer o kişi her gününü gerçek bir imanla geçiren Mesih'in gerçek bir takipçisi olsaydı, Tanrı'nın onu en iyi şeylerle kutsadığını görebilirdik.

3. Yuhanna 1:2 ayetinde, *"Sevgili kardeşim, canın gönenç içinde olduğu gibi, her bakımdan sağlıklı ve gönenç içinde olman için dua ediyorum."* Yazıldığı gibi, her şeyden önce Tanrı, canımız gönenç içinde olsun diye bizi kutsar. Eğer yüreklerimizden kötülükleri atarak ve Tanrı'nın buyruklarına itaat ederek Tanrı'nın kutsal çocukları olarak yaşıyorsak, Tanrı bizi kesinlikle kutsar ki, sağlığımız dâhil her şey bizim için yolunda gitsin.

Ama—canı gönenç içinde olmayan—biri maddi anlamda fazlasıyla kutsanıyorsa, bu kutsamanın Tanrı'dan olduğunu söyleyemeyiz. Böyle bir durumda aslına bakarsanız o kişinin zenginlikleri kendisinin açgözlü olmasına sebep olabilir. Açgözlülüğü günahı doğurabilir ve sonunda Tanrı'dan uzak düşebilir.

Durumlar zorlaştığında insanlar temiz bir yürekle Tanrı'ya güvenmeli; şevkle ve sevgiyle O'na hizmet etmelidirler. Fakat pek sıklıkla işlerinde ve işyerlerinde maddi anlamda kutsandıktan sonra yürekleri dünyanın çok daha fazla şeyini arzulamaya başlar. Meşgul olduklarına dair özürler vermeye ve Tanrı'dan giderek uzaklaşmaya başlarlar. Kar ve kazançları düştükçe, ondalıklarını yürekten verme eğiliminde olur ama kazançları yükseldikçe yürekleri sarsılır. Eğer yüreklerimiz böyle değişir ve Tanrı'nın sözlerinden uzak düşüp sonunda seküler dünyanın insanları gibi olursa, o zaman aldığımız kutsamalar bizim talihsizliğimize dönüşebilir.

Ancak canları gönenç içinde olan insanlar bu dünyanın şeylerine göz dikmezler ve eğer Tanrı tarafından şeref ve talihle kutsansalar bile daha fazlasını isteyen açgözlülere dönüşmezler. Bu dünyanın iyi şeylerine sahip olamadıkları için homurdanmaz veya yakınmazlar çünkü sahip oldukları her şeyi- hatta yaşamlarını bile- Tanrı için vermeye gönüllüdürler.

Canları gönenç içinde olanlar, her ne koşul içinde olurlarsa olsunlar imanlarını korur ve Tanrı'ya hizmet ederler. Yine onlar, Tanrı'dan aldıkları kutsamaları sadece O'nun egemenliği ve görkemi için kullanırlar. Canları gönenç içinde olan insanların dünyevi zevklere karşı en ufak bir eğilimi olmadığından veya zevk sefa peşinde dolanmadıklarından ya da ölüm yoluna doğru ilerlemediklerinden, Tanrı onları daha da fazlasıyla bolca kutsar.

Bu sebeple ruhani kutsamalar, bu dünyanın bir sis gibi yitip gidecek olan fiziki kutsamalarından kat be kat önemlidir. Bu yüzden her şeyin üzerinde önce ruhani kutsamaları almalıyız.

Dünyevi Arzuları Tatmin Etmek İçin Asla Tanrı'nın Kutsamalarını Aramamalıyız

Henüz canlarımızın gönenç içinde olacağı ruhani kutsamaları almamış olsakta, eğer doğruluk yolunda yürümeye devam eder ve imanla Tanrı'yı ararsak, doğru zaman geldiğinde Tanrı bizi donatır. İnsanlar bir şeyin hemen olması için dua ederler. Oysa göklerin altında her şeyin bir zamanı ve süresi vardır. Ve Tanrı en iyi zamanı bilir. Bizleri çok daha fazla kutsamak için Tanrı'nın bizleri beklettiği zamanlar vardır.

Eğer Tanrı'dan gerçek bir imanla bir şeyi istiyorsak, o dileğimize yanıt alana kadar sürekli dua edecek gücü alırız. Ama eğer Tanrı'dan benliğimizin arzularıyla bir şey istiyorsak, ne kadar çok dua edersek edelim gerçekten inanan bir imana sahip olamayız ve dolayısıyla Tanrı'dan da yanıt alamayız.

Yakup 4:2-3 ayeti şöyle der: *"Elde edemiyorsunuz, çünkü Tanrı'dan dilemiyorsunuz. Dilediğiniz zaman da dileğinize kavuşamıyorsunuz. Çünkü kötü amaçla, tutkularınız uğruna kullanmak için diliyorsunuz."* Tanrı, dünyevi arzulamalarımızı hoşnut etmek için istediğimiz dileklere yanıt vermez. Eğer genç bir öğrenci almaması gereken şeyler için anne-babasından para istiyorsa, ebeveynlerini ona bu parayı vermemelidirler.

Bu yüzden kendi düşüncelerimizle değil ama aksine Kutsal Ruh'un gücüyle dua etmeli ve Tanrı'nın isteğiyle aynı doğrultuda olan şeyleri aramalıyız (Yahuda 1:20). Kutsal Ruh, Tanrı'nın yüreğini bilir ve Tanrı ile ilgili derin şeyleri anlar. Bu sebeple eğer dua esnasında Kutsal Ruh'un rehberliğine güvenirseniz, hızla her duanıza Tanrı'nın yanıtını alırsınız.

Öyleyse Kutsal Ruh'un rehberliğine tabi olur ve Tanrı'nın isteğine göre nasıl dua ederiz?

Öncelikle kendimizi Tanrı'nın sözüyle donatmalı ve O'nun sözünü yaşamlarımıza uygulamalıyız. Böylece yüreklerimiz İsa Mesih'e benzer. Eğer Mesih gibi bir yüreğe sahip olursak, o zaman doğal olarak Tanrı'nın isteğine göre dua eder ve hızla tüm dualarımızın yanıtını alırız. Çünkü Tanrı'nın yüreğini bilen Kutsal Ruh bizlerin yüreklerine göz kulak olur ki, gerçekten ihtiyaç duyduğumuz şeyleri dileyelim.

Matta 6:33 ayetinde şöyle der: *"Siz öncelikle O'nun egemenliğinin ve doğruluğunun ardından gidin, o zaman size bütün bunlar da verilecektir."* Önce Tanrı'yı ve Tanrı'nın egemenliğini kazanmaya çalışın ve sonra ihtiyacınız olan şeyi dileyin. Eğer önce Tanrı'nın isteğini kazanmak için dua ederseniz, Tanrı'nın yaşamınız üzerine yağdırdığı kutsamaları deneyim edeceksiniz. Bu şekilde kabınız yeryüzünde ihtiyacınız olan her şeyle ve daha da fazlasıyla dolup taşar.

Bu nedenle her zaman gerçek ve yürekten dualar bizden Tanrı'ya doğru yükselmelidir. Her gün Kutsal Ruh'un rehberliğinde güçlü dualar biriktirirseniz, açgözlülük veya günahkâr doğanız kalıcı olarak yüreklerinizden sökülüp atılır ve dualarınızda ne dilerseniz yanıt alırsınız.

Elçi Pavlus, Roma İmparatorluğu'nun bir vatandaşıydı ve zamanının en saygın ve tanınmış Yasa öğretmeni olan Gamaliel tarafından eğitildi. Ancak Pavlus, bu dünyaya ait şeylere ilgi duymuyordu. Mesih'in hatırına sahip olduğu her şeyi anlamsız addetti. Tıpkı Pavlus gibi, bizlerinde kesinlikle sevmeye ve arzulamaya ihtiyaç duyduğumuz şeyler, İsa Mesih'in veya gerçeğin sözlerinin öğretileridir.

Eğer dünyanın tüm zenginliğine, şerefine, gücüne vs sahipsek ama ebedi yaşama sahip değilsek, bu şeylerin ne önemi var? Ama eğer tıpkı elçi Pavlus gibi bu dünyanın tüm zenginliklerini terk eder ve Tanrı'nın isteğine göre bir yaşam sürdürürsek, o zaman Tanrı bizi kesinlikle kutsar ve böylece canlarımız gönenç içinde olur. Ve o zaman göklerde "yüce" diye çağrılır ve bu dünyada ki yaşamımızın her alanında da ayrıca başarılı oluruz.

Göklere umut bağlamaya devam ederek şevkle sahip olduklarınızla yetinirken, yüreklerinizden ve yaşamınızdan her türlü açgözlülüğü söküp atabilmeniz için dua ediyorum. O zaman biliyorum ki her daim şükran ve sevinçle dolup taşan yaşamlar sürdüreceksiniz.

12. Bölüm

Tanrı'ya Uymanın Yasası

Özdeyişler 8:17

"Beni sevenleri ben de severim, Gayretle arayan beni bulur."

Matta 22. bölümde Ferisilerden birinin İsa'ya en büyük buyruğun hangisi olduğunu sorduğunu okuduğumuz bir bölüm vardır.

İsa şöyle cevap verir: *"'Tanrın Rab'bi bütün yüreğinle, bütün canınla ve bütün aklınla seveceksin.' İşte ilk ve en önemli buyruk budur. İlkine benzeyen ikinci buyruk da şudur: 'Komşunu kendin gibi seveceksin.' Kutsal Yasa'nın tümü ve peygamberlerin sözleri bu iki buyruğa dayanır"* (Matta 22:37-40).

Bunun anlamı, Tanrı'yı yürekten ve tüm ruhumuzla ve aklımızla, komşularımızı ise kendimiz kadar sevdiğimiz de diğer buyruklara da kolayca itaat edebileceğimizdir.

Eğer Tanrı'yı gerçekten seviyorsak, Tanrı'nın tiksinti duyduğu günahları nasıl işleyebiliriz? Ve eğer komşularımızı kendimiz gibi seviyorsak, onlara karşı nasıl kötü muamele edebiliriz?

Tanrı'nın Bizlere Buyruklarını Vermesinin Nedeni

Öyleyse Tanrı neden "Tanrınızı ve komşularınızı kendiniz gibi sevin" demek yerine, her birimize buyrukların her birini verme zahmetine girmiştir?

Çünkü Kutsal Ruh'tan önce ki dönem olan Eski Ahit zamanlarında insanların kendi irade ve istekleriyle gerçekten yürekten sevmeleri çok zordu. İsraillilerin Tanrı'ya itaat etmelerini yeterince zorlayıcı kılan On Buyruk, eylemleriyle komşuları yanı sıra Tanrı'yı sevmelerini ve Tanrı'dan korkmalarını sağladı.

Şu ana dek her bir buyruğu ayrıca inceledik ama şimdi gelin buyrukları iki büyük grup altında inceleyelim. Bunlar, Tanrı'ya ve komşulara sevgi olarak ikiye ayrılır.

Birden dörde kadar olan buyruklar, "Rab'biniz Tanrı'yı tüm yüreğinizle, aklınızla ve ruhunuzla sevin" diye özetlenebilir. Sadece Yaratan Tanrı'ya hizmet etmek, sahte ilahlar yapıp onlara tapınmamak, Tanrı'nın adını kötüye kullanmamak konusunda dikkatli olmak ve Şabat Gününü kutsal sayıp tutmak, Tanrı'yı sevmenin yollarıdır.

Beşten ona kadar olan buyruklar, "Kendinizi sevdiğiniz gibi komşunuzu sevin" şeklinde özetlenebilir. Anne-babalarımızı sayma, adam öldürmeye karşı uyarı, yalancı tanıklık etme, açgözlülük vs. gibi buyrukların hepsi, başkalarına veya komşularımıza karşı kötü eylemleri önlemenin yollarıdır. Eğer komşularımızı kendimiz gibi seversek, onların acı içinde olmalarını istemeyiz. Dolayısıyla bu buyruklara itaat edebiliriz.

Tanrı'yı Yüreğimizin Derinliklerinden Sevmeliyiz

Tanrı, buyruklarına itaat etmemiz için bizi zorlamaz. O'na olan sevgimizle bizleri itaat etmeye yönlendirir. Romalılar 5:8 ayetinde, *"Tanrı ise bizi sevdiğini şununla kanıtlıyor: Biz daha günahkârken, Mesih bizim için öldü."* Tanrı önce bize olan büyük sevgisini göstermiştir.

İyi veya doğru bir insan ya da çok yakın bir arkadaşının yerine ölmeye razı olacak bir kişiyi bulmak zorken, yasaya göre lanet altında olan günahkârları azat etmek için, Tanrı, tek ve yegâne Oğlu İsa Mesih'i onlar için ölmek üzere göndermiştir. Böylece Tanrı, adaleti aşan bir sevgi göstermiştir.

Romalılar 5:5 ayetinde, *"Umut düş kırıklığına uğratmaz. Çünkü bize verilen Kutsal Ruh aracılığıyla Tanrı'nın sevgisi yüreklerimize dökülmüştür"* yazıldığı gibi, Tanrı, İsa Mesih'e iman eden tüm çocuklarına Kutsal Ruh'u bir armağan olarak verir; böylece Tanrı'nın sevgisini tam anlamıyla anlarlar.

Bu yüzden imanla kurtulanlar, su ve Kutsal Ruh ile vaftiz edilenler, Tanrı'yı sadece aklen değil ama gerçekten yüreklerinin derinliklerinden sever ve Tanrı'ya olan gerçek sevgileriyle O'nun buyruklarına itaat ederler.

Tanrı'nın Orijinal İsteği

Esasen Tanrı, sevebileceği ve özgür iradeleriyle Kendisini sevecek gerçek çocuklarına sahip olmayı arzuladığı için insanları yarattı. Ama eğer bir kişi Tanrı'nın tüm buyruklarına itaat eder ama Tanrı'yı sevmez ise, o kişinin Tanrı'nın gerçek bir çocuğu olduğunu nasıl söyleyebiliriz?

Maaş için çalışan bir kişi, patronunun işini miras alamaz ama maaşla çalışan kişiden tamamen farklı konumda olan patronun çocuğu işi miras alabilir. Tıpkı bu örnekte olduğu gibi, Tanrı'nın buyruklarının hepsine itaat edenler, O'nun vaat ettiği kutsamaların hepsini alırlar; ama eğer Tanrı'nın sevgisini anlamıyorlarsa, Tanrı'nın gerçek çocukları olamazlar.

Bu yüzden Tanrının sevgisini anlayan ve O'nun buyruklarına uyanlar gökleri miras alır ve Tanrı'nın gerçek bir çocuğu olarak göksel egemenliğin en güzel bölümünde yaşarlar. Ve Baba'nın yanında yaşayarak sonsuza dek güneş gibi parlak bir görkemin altında yaşarlar.

Tanrı, İsa Mesih'in kanıyla kurtuluşu alan ve Kendisini yürekten seven tüm insanların kendisi ile birlikte tahtının olduğu Yeni Yeruşalim'de yaşamasını ve sonsuza dek sevgisini paylaşmasını ister. Bu nedenle İsa, Matta 5:17 ayetinde şöyle demiştir: *"Kutsal Yasa'yı ya da peygamberlerin sözlerini geçersiz kılmak için geldiğimi sanmayın. Ben geçersiz kılmaya değil, tamamlamaya geldim."*

Tanrı'yı Ne Kadar Çok Sevdiğimizin Kanıtı

Tanrı'nın bizlere buyruklarını vermesinin gerçek nedenini öğrendiğimiz zaman, Tanrı'ya olan sevgimizin aracılığıyla Yasa'yı yerine getiririz. Buyruklara veya yasalara sahip olduğumuzdan çıplak gözlerle görülmesi zor bir soyut kavram olan 'sevgiyi' fiziki anlamda görebiliriz.

Eğer insanların sözlerinin geçerliliğini gözden geçirecek standart bir model yok ise, adaletin Tanrı'sı, "Tanrım! Seni tüm yüreğimle seviyorum. Bu yüzden kutsa beni!" diyen bazı insanları nasıl onaylayabilir? Ama standart bir modelimiz, buyruklar ve yasalar olduğundan, onların Tanrı'yı gerçekten tüm yürekleriyle sevip sevmediklerini görebiliriz. Eğer dudaklarıyla Tanrı'yı sevdiklerini söylüyor ama Tanrı'nın bizlere buyurduğu gibi Şabat gününü kutsal sayıp tutmuyorlarsa, onların Tanrı'yı gerçektende sevmediğini anlayabiliriz.

Dolayısıyla Tanrı'nın buyrukları gözden geçireceğimiz bir standart model veya Tanrı'yı ne kadar çok sevdiğimizin bir kanıtını bizlere sunar.

Bu yüzden 1. Yuhanna 5:3 ayeti şöyle der: *"Tanrı'yı sevmek O'nun buyruklarını yerine getirmek demektir. O'nun buyrukları da ağır değildir."*

Beni Sevenleri Severim

Buyruklara itaat etmemiz sonucu Tanrı'dan aldığımız kutsamalar, solarak yitip giden kutsamalar değillerdir.

Gerçek imanıyla Tanrı'yı hoşnut eden ve dünyaya asla ödün vermeyen Daniel'e ne oldu? Daniel esasen Yahuda oymağından, krallarından soyundan gelen biriydi. Ama Güney Yahuda, Tanrı'ya karşı günah işlediğinde, Babil Kralı Nebukadnessar ülkeye karşı ilk işgalini M.Ö. 605 yılında gerçekleştirdi. O zamanlar henüz çok genç olan Daniel, esir düşerek Babil'e götürüldü.

Kralın kültürleşme politikasına göre esir düşen Daniel ve birkaç genç adam Nebukadnessar'ın sarayında yaşamak için seçildi ve üç yıl Kildani okullarında eğitim aldı.

Bu zaman zarfında Daniel, dinsel açıdan kendini kirletmemek için kralın onlara ayırdığı yemeklerden yemeyi ve şaraptan içmeyi istemedi. Bir esir olarak Kral tarafından kendisine tahsis edilen yemeği reddetme hakkına sahip değildi. Ama Daniel, Tanrı'nın huzurunda imanını saf halde korumak için her ne olursa olsun yapmayı istiyordu.

Daniel'in içten yüreğini gören Tanrı, saray görevlilerinin

yöneticisinin yüreğine tesir etti. Böylece Daniel, kralın tahsis ettiği yemeği yemek ve şarabı içmek zorunda kalmadı.

Ve zamanla Tanrı'nın buyruklarına titizlikle uyan Daniel, Yahudi olmayan Babil ulusunda kralın hizmetine atanıp yükseldi. Dünyaya ödün vermeyen sarsılmaz bir imana sahip olduğundan Tanrı, Daniel'den hoşnut kaldı. Uluslar ve krallar değişse bile Daniel her haliyle mükemmel kaldı ve Tanrı'nın sevgisini almaya devam etti.

Beni Arayan Beni Bulur

Bu tür kutsamaları günümüzde de hala görebiliriz. Daniel gibi dünyaya ödün vermeyen imanları olanların ve sevinçle Tanrı'nın buyruklarına uyanların Tanrı tarafından dolup taşan kutsamaları aldığını görebiliriz.

Takribi on yıl kadar önce kilise ihtiyarlarımızdan biri, ülkenin en önde gelen finans şirketlerinden birinde çalışıyordu. Müşterilerini cezp etmek için şirketin düzenli olarak müşterileriyle bir şeyler içmesi ve golf oynaması, zorunlu bir şirket politikasıydı. O zamanlar kilise üyemiz bir diyakozdu. Şirketin dünyevi politikalarına rağmen diyakozluk pozisyonuna geldikten ve gerçek anlamda Tanrı'nın sevgisini kavradıktan sonra müşterileriyle asla içmedi ve Pazar ayinlerini asla kaçırmadı.

Bir gün şirketin CEO'su ona şöyle dedi: "Şirketle kilise arasında bir seçim yap." Doğası gereği sağlam bir kişi olduğundan hiç düşünmeden yanıtını verdi: "Bu şirket benim için çok önemli ama eğer bu şirketle kilise arasında bir seçim yapmamı istiyorsan, kilisemi seçerim."

Mucizevî bir şekilde Tanrı, CEO'nun yüreğine tesir etti ve üyemiz büyük bir güven kazanarak terfi etti. Her şey bununla da sınırlı kalmadı. Bir dizi terfinin ertesinde kilisemizin ihtiyarı şirketin CEO'su oldu.

Tanrı'yı sevdiğimizde ve O'nun buyruklarına uyduğumuzda, Tanrı, yaptığımız işlerde mükemmelleşmemizi sağlar ve bizleri yaşamımızın her alanında kutsar.

Toplumlar tarafından konulan yasaların aksine Tanrı'nın vaat edilmiş sözleri zaman içersinde değişmez. Hangi devirde yaşarsak yaşayalım, eğer Tanrı'nın sözlerine itaat ediyor ve O'nun sözlerine göre yaşıyorsak, Tanrı'nın vaat edilmiş kutsamalarını alırız.

Tanrı'ya Uymanın Yasası

Bu sebeple Tanrı'nın Musa'ya verdiği On Buyruk veya Yasalar, bizlere Tanrı'nın sevgisini ve kutsamalarını alabileceğimiz standart bir model sunar.

Özdeyişler 8:17 ayetinde, *"Beni sevenleri ben de severim, Gayretle arayan beni bulur"* dendiği gibi, Tanrı'nın yasalarına ne kadar çok uyarsak o kadar çok O'nun sevgisini ve kutsamalarını alırız.

İsa, Yuhanna 14:21 ayetinde şöyle demiştir: *"Kim buyruklarımı bilir ve yerine getirirse, işte beni seven odur. Beni seveni Babam da sevecektir. Ben de onu seveceğim ve kendimi ona göstereceğim."*

Tanrı'nın yasaları ağır veya zorlayıcı mıdır? Eğer tüm yüreğimizle Tanrı'yı gerçekten seviyorsak onlara itaat edebiliriz. Ve eğer kendimizi Tanrı'nın çocukları olarak çağırıyorsak, onlara doğal olarak uyarız.

Tanrı'nın sevgisini almanın, O'nunla olmanın ve dualarımıza O'nun yanıtları almanın yolu budur. Daha da önemlisi O'nun yasaları bizleri günahtan uzak tutar ve kurtuluş yoluna yönlendirir. Yasa'sı ne büyük bir kutsama!

İbrahim, Daniel ve Yusuf gibi imanın ataları Tanrı'nın yasalarına sıkı sıkıya uydukları için ulusların üzerine yükseltilmekle kutsandılar. İçeride ve dışarıda kutsandılar. Sadece yaşamlarının her alanında kutsanmanın tadına varmakla kalmadılar ama güneş kadar parlak bir görkemle göklerde bile kutsandılar.

Sürekli olarak kulaklarınızı Tanrı'nın sözlerine açık kılarak, RAB'binizin yasasından zevk alarak ve gece-gündüz O'nun sözleri üzerinde tefekküre dalarak tamamen yasalarına uymanız için Rab'bimizin adıyla dua ediyorum.

"Bak, ne kadar seviyorum koşullarını,
Sevgin uyarınca, ya RAB, koru canımı.
Yasanı sevenler büyük esenlik bulur,
Hiçbir şey sendeletmez onları.
Ya RAB, kurtarışına umut bağlar,
Buyruklarını yerine getiririm.
Dilimde sözün ezgilere dönüşsün,
Çünkü bütün buyrukların doğrudur"
(Mezmurlar 119:159, 165, 166, 172).

Yazar:
Dr. Jaerock Lee

Dr. Jaerock Lee, 1943 yılında Kore Cumhuriyeti'nin Jeonnam eyaletine bağlı Muan'da doğdu. Yirmili yaşlarında yedi yıl süren ve tedavisi mümkün olmayan birçok hastalıktan çekti ve iyileşme umudu olmadan ölümü bekledi. Fakat 1947 yılının bir bahar gününde, kız kardeşi tarafından bir kiliseye götürüldü ve orada dizlerinin üzerine dua etmek için çöktüğü anda, Yaşayan Tanrı, O'nu tüm hastalıklarından bir anda iyileştirdi.

Dr. Lee, bu olağanüstü tecrübenin akabinde karşılaştığı Yaşayan Tanrı'yı o andan itibaren tüm kalbi ve samimiyetiyle sevdi ve 1978 yılında Tanrı'ya hizmet için göreve çağrıldı. Tanrı'nın isteğini tüm berraklığıyla anlayabilmek, bütünüyle yerine getirmek için kendini adayarak dua etti ve Tanrı'nın Sözüne itaat etti. 1982 senesinde Seul, Kore'de Manmin kilisesini kurdu ve bu kilisede mucizevî şifa, belirti ve harikalar gibi Tanrı'nın sayısız işleri meydana gelmektedir.

Dr. Lee, 1986 yılında Kore İsa'nın Sungkyul kilisesinin senelik toplantısında papazlığa atandı ve 1990 yılında vaazları Avustralya, Rusya ve Filipinlerde yayınlanmaya başladı; Uzakdoğu Radyo Yayın Şirketi, Asya Radyo İstasyonu ve Washington Hristiyan Radyo Sistem yayıncılık şirketleri vesilesiyle kısa zamanda pek çok ülkeye daha ulaşıldı.

1993 yılında Manmin Kilisesi Hristiyan Dünya dergisi (ABD) tarafından "Dünyanın önde gelen 50 Kilisesi"nden biri seçildi ve Dr. Lee, Florida, ABD'de bulunan Christian Faith Üniversitesi İlahiyat Fakültesinden fahri doktora derecesini aldı. 1996 yılında ise Iowa, ABD Kingsway Theological Seminary'de papazlık üzerine doktorasını yaptı.

1993 yılından beri Dr. Lee, Tanzanya, Arjantin, Los Angeles, Baltimore City, Hawaii ve ABD New York, Uganda, Japonya, Pakistan, Kenya, Filipinler, Honduras, Hindistan, Rusya, Almanya, Peru, Kongo Demokratik Cumhuriyeti, İsrail ve Estonya olmak üzere pek çok yurtdışı misyonerlik faaliyetiyle dünyaya İncil'in müjdesini duyurmaktadır.

2002 yılında, çeşitli yurtdışı misyon faaliyetlerindeki güçlü vaizliği için, Kore'nin önde gelen Hristiyan gazeteleri tarafından "Dünya Çapında Dirilişçi" kabul edilmiştir. Özellikle öne çıkan, dünyanın en ünlü arenası olan Madison Square Garden'da 2006 yılında gerçekleştirilen New York

Seferi'dir; etkinlik 220 ülkede yayınlanmıştır. 2009 yılında Kudüs Uluslararası Kongre Merkezi'nde gerçekleştirilen "Birleşmiş İsrail Seferi'nde", cesurca İsa'nın Mesih ve Kurtarıcı olduğunu ilan etmiştir.

GCN TV dâhil olmak üzere, uydular aracılığıyla vaazları 176 ülkede yayınlanmaktadır. Popüler Rus Hristiyan dergisi In Victory tarafından 2009 ve 2010 yıllarının en önde gelen 10 etkin Hristiyan önderlerinden biri, Christian Telegraph haber ajansı tarafından ise güçlü TV yayıncılığıyla vaaz ve yurtdışı kilise faaliyetleri için etkin bir önder seçilmiştir.

Mayıs 2016 tarihi itibarıyla Manmin Merkez Kilisesi'nin 120,000'den fazla cemaat üyesi bulunmaktadır. 56 yerel kilisesi dâhil olmak üzere dünya çapında 10,000 şube kilisesi bulunmaktadır ve Amerika Birleşik Devletleri, Rusya, Almanya, Kanada, Japonya, Çin, Fransa, Hindistan, Kenya ve daha fazlası olmak üzere 23 ülkeye 102'dan fazla rahip atamıştır.

En çok satanlar listesinde *Ölümden Önce Sonsuz Yaşamı Tatma, Hayatım ve İmanım I&II, Çarmıhın Mesajı, İmanın Ölçüsü, Göksel Egemenlik I&II, Cehennem, Uyan İsrail, Tanrı'nın Gücü* olmak üzere, bu kitabın yayınlanış tarihi itibarıyla 104 kitap yazmış ve kitapları 76'den fazla dile çevrilmiştir.

Dini makaleleri *The Hankook Ilbo, The JoongAng Daily, The Chosun Ilbo, The Dong-A Ilbo, The Munhwa Ilbo, The Seoul Shinmun, The Hankyoreh Shinmun, The Kyunghyang Shinmun, The Korea Economic Daily, The Korea Herald, The Shisa News,* ve *The Christian Press* dergi ve gazetelerinde yayınlanmaktadır.

Dr. Lee şu anda birçok misyonerlik kuruluşu ve derneğinin önderidir. Bunlardan bazıları şunlardır: Kore Birleşmiş Kutsallık Kilisesi Yöneticisi (The United Holiness Church of Jesus Christ); Dünya Hristiyanlığı Diriliş Misyon Kuruluşu (The World Christianity Revival Mission Association) Daimi Başkanı; Global Hristiyan Network (GCN – Global Christian Network) Kurucusu ve Yönetim Kurulu Başkanı; Dünya Hristiyan Doktorları (WCDN – The World Christan Doctors Network) Kurucusu ve Yönetim Kurulu Başkanı; Manmin Uluslararası Seminer (MIS-Manmin International Seminary) Kurucusu ve Yönetim Kurulu Başkanı.

Aynı Yazar Tarafından Yazılmış Diğer Etkili Kitaplar

Göksel Egemenlik I & II

Göksel ahalinin keyfine vardığı muhteşem güzellikte ki yaşama ortamının detaylı bir taslağı ve göksel egemenliğin farklı katlarının güzel bir açıklaması.

Çarmıhın Mesajı

Ruhani uykuda olan tüm insanların uyanmasını sağlayan güçlü bir mesaj! Bu kitapta İsa'nın niçin tek Kurtarıcı olduğunu ve Tanrı'nın gerçek sevgisini keşfedeceksiniz.

Cehennem

Tek bir canın bile cehennemin derinliklerine düşmesini arzu etmeyen Tanrı'dan tüm insanlığa içten bir mesaj! Aşağı ölüler diyarı ve cehennemin daha önce hiç açıklanmamış acımasız gerçeğini keşfedeceksiniz.

Ruh, Can ve Beden I & II

Ruh, can ve beden hakkında ruhani kavrayışa sahip olmamızı ve nasıl bir özden yaratıldığımızı keşfetmemizi sağlayan bu rehber kitap sayesinde karanlığı yenilgiye uğratmak ve ruhun insanına dönüşmek için güce sahip olabiliriz.

İmanın Ölçüsü

Sizin için gökler nasıl bir yer, ne tip bir taç ve ödül hazırlandı? Bu kitap sizlere imanınızı ölçebilmeniz ve en iyi ve en olgun imana sahip olabilmeniz için bilgi ve rehberlik sağlar.

Uyan İsrail

Niçin dünyanın başından günümüze kadar Tanrı gözlerini srail'den ayırmamıştır? Tanrı bu son günlerde İsrail için nasıl bir takdiri ilahi hazırlamıştır? Bu kitap, Mesih ile İsrail arasında ki ilişkiye ve Tanrı'nın İsrail için planladıklarına ışık tutar.

Hayatım ve İmanım I & II

Karanlık dalgalar, evlilik sorunları ve derin çaresizliklerle geçen yaşamı, Tanrı'nın sevgisiyle tekrar doğan ve okuyucularına hoş kokulu ruhani aroma yayan Dr. Jaerock Lee'nin otobiyografisi.

Tanrı'nın Gücü

Bir kişinin gerçek imana sahip olması ve Tanrı'nın olağanüstü gücünü deneyim etmesinde temel kılavuz görevi gören ve mutlaka okunması gereken bir kitap.

www.urimbooks.com

www.ingramcontent.com/pod-product-compliance
Lightning Source LLC
LaVergne TN
LVHW041809060526
838201LV00046B/1185